# DISTRIBUIÇÃODEVOZES
# NA**GUITARRA**JAZZ

Distribuição de Vozes Criativa e Substituição de Acordes para a Guitarra Rítmica de Jazz

## JOSEPH**ALEXANDER**

FUNDAMENTAL**CHANGES**

# Distribuição de Vozes na Guitarra Jazz

## Distribuição de Vozes Criativa e Substituição de Acordes para a Guitarra Ritmica de Jazz

ISBN: 978-1-78933-145-5

Publicado por **www.fundamental-changes.com**

**www.fundamental-changes.com**

Os exemplos de áudio deste livro estão disponíveis para download em **www.fundamental-changes.com**

Clique no link 'Download Audio' no topo da página.

Muito obrigado ao incrível Pete Sklaroff por ter gravado os áudios e pela sua paciência e apoio eternos durante a escrita deste livro.

Imagem da capa © ShutterStock: Miguel Garcia Saaved

# Sumário

Introdução ...................................................................................................4

Obtenha o áudio ............................................................................................8

Capítulo Um: Caminhos Simples............................................................9

Capítulo Dois: Extensões e Voicings sem Tônica.......................................20

Capítulo Três: Exercícios de Voicings e Ideias para Praticar.....................33

Capítulo Quatro: Dominantes Secundárias................................................46

    Aplicação Musical .................................................................................55

Capítulo Cinco: A Substituição do Trítono ...............................................61

    Substituições de Trítono em Dominantes Secundários.............................66

Capítulo Seis: Distribuição de Vozes com Substituições............................72

Capítulo Sete: Mais Exercícios de Substituição ........................................81

    Ideias de Prática Adicionais..................................................................86

Capítulo Oito: Aplicação.........................................................................87

Conclusões e Estudos Adicionais...............................................................94

Outros Livros da Fundamental Changes......................................................96

# Introdução

Este livro examina a arte da distribuição de vozes na guitarra rítmica de jazz. Embora seja um guia autônomo para tocar guitarra rítmica de jazz, a menos que você esteja familiarizado com muitos tipos de estruturas de acordes de guitarra de jazz (como os voicings drop 2 e drop 3), você pode achar este livro bastante desafiador. Eu recomendo muito trabalhar em conjunto com o meu outro livro Dominando Acordes de Jazz na Guitarra.

O objetivo deste livro é fazer com que você pense em como intervalos se movem de forma fluida na guitarra conforme os acordes mudam em uma melodia de jazz. A ideia é mover o menor número possível de notas do seu acorde atual para formar um voicing rico e interessante para o próximo. O objetivo final é ser capaz de tocar standards completos de jazz sem ter que pular pelo braço da guitarra, e assim cada nota ou voz se move da forma mais suave possível.

No jazz, há muitas extensões e alterações possíveis que podem ser usadas em qualquer acorde, e você aprenderá a localizar instantaneamente todas as opções musicais disponíveis para qualquer acorde e incorporá-las com naturalidade à sua execução. Aprender a incorporar extensões em sua música pode ser uma tarefa assustadora, e muitos conselhos são dados sobre como organizá-las logicamente em sua prática.

Este livro também cobre muitas substituições de acordes úteis com grande foco no conceito de dominantes secundários. Ao usar substituições, é possível criar uma rica e perfeita tapeçaria de acordes que soam muito bem, como se fossem tocados sem esforço.

As substituições de acordes são introduzidas naturalmente em seu vocabulário e são usadas quando forem apropriadas musicalmente. As substituições mais comuns são ensinadas com explicações de por que elas funcionam e quando usá-las.

Os acordes dominantes secundários são um pouco complexos, mas eles recebem atenção especial com muitos exemplos de como trazer esses dispositivos criativos para a guitarra jazz.

Partindo do conceito de dominantes secundárias, também exploramos as ideias por trás das substituições de trítono e algumas de suas aplicações avançadas. Ao fazermos isso, abrimos muitas possibilidades de voicings e algumas maneiras bonitas de navegar entre as mudanças de acordes de jazz que, de outra forma, seriam o padrão.

Ao longo deste livro, grande cuidado é tomado para manter cada conceito musical relevante e, acima de tudo, prático. Cada exemplo é baseado em um dos dois padrões comuns de jazz e, embora por motivos de direitos autorais eu não possa nomear cada faixa, vamos apenas chamar esses padrões de *Bella by Barlight* e *Some of the Things You Are*.

As progressões de acordes dessas músicas são desconstruídas e ensinadas com grande atenção aos detalhes. A ênfase é ensinar os conceitos mais importantes de distribuição de vozes ao desenvolver sua visão na guitarra e o seu ouvido. Logo você começará a ver o braço da guitarra em termos de intervalos e possibilidades, em vez de ficar confinado aos desenhos de acordes padrão que você provavelmente usa.

O único princípio que revolucionará completamente a maneira como você toca guitarra jazz é aprender a ver o braço da guitarra puramente em termos de intervalos. Embora não haja nada de errado em ver um acorde B7 como:

**Bb7**

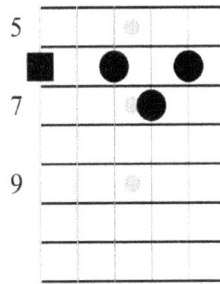

É muito mais útil vê-lo desta forma:

**Bb7**

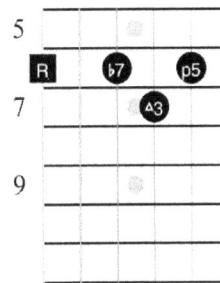

No entanto, conforme você progredir neste livro, você aprenderá a ter a seguinte visão:

**Bb7**

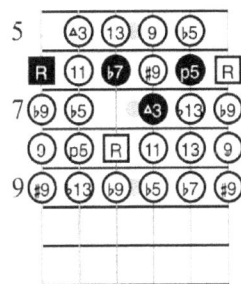

O importante é perceber que todas essas extensões estão disponíveis na maior parte do tempo e são usadas naturalmente e com frequência na guitarra rítmica de jazz.

Vamos cobrir extensões e alterações em capítulos posteriores, mas, por enquanto, você só precisa saber que um resultado importante do estudo deste livro é que você começará a "ver a matrix" e verá o braço da guitarra como uma paleta de intervalos ou "cores" para pintar sons.

O objetivo deste livro é ensinar você a ver o braço como uma sucessão contínua e fluida de intervalos que mudam com cada acorde. Por exemplo, o diagrama anterior vê o braço do ponto de vista de um acorde Bb7. Tudo muda se vermos o braço em torno de um acorde Eb7:

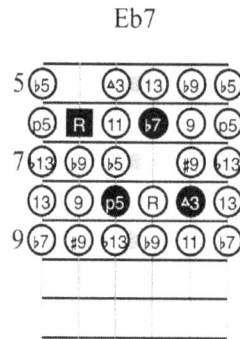

Eb7

Esses diagramas podem parecer complexos, mas esse nível de visão se desenvolve naturalmente com o tempo, trabalho e paciência.

Eu não quero te assustar, especialmente na introdução, então apenas confie que esse tipo de percepção é algo que cresce gradualmente enquanto você está trabalhando em outras coisas.

Menciono tudo isso agora porque um princípio subjacente de harmonia é que *você pode frequentemente se mover entre dois acordes aparentemente não relacionados, ao mover apenas uma ou duas notas*. Ao tocar acordes de guitarra "normais", isso pode ser difícil de perceber, já que você pode se mover em grandes distâncias, mas, quando estudamos distribuição de vozes, podemos ver com que proximidade muitos acordes estão vinculados. O truque é ver quais notas devem se mover e quais notas podem permanecer as mesmas.

A outra coisa importante para entender é que as tônicas tendem a ser opcionais. Normalmente, outro instrumento cuidará da tônica, mas mesmo que não seja ocaso, ao usar uma boa distribuição de vozes, a força da ideia musical normalmente será suficiente para permitir que o público ouça e sinta a harmonia.

Ao remover a tônica, nós liberamos nossos dedos para alcançar extensões bonitas e manter a distribuição de vozes entre os acordes a mais próxima possível.

Por exemplo, em vez de Fm7 para Bb7 tocados assim...

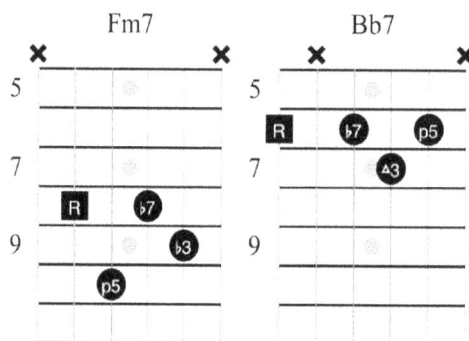

Fm7          Bb7

...podemos aprender a tocar voicings como os ilustrados abaixo ao combinar acordes sem tônica com extensões, ainda mantendo a função harmônica de cada acorde.

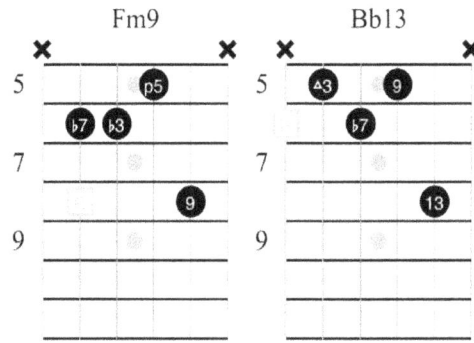

Todos os ingredientes essenciais de cada acorde estão inclusos, mas os voicings são mais ricos e a distribuição de vozes é mais suave, pois apenas uma nota se move entre cada acorde.

Esse tipo de visão exige o tipo certo de prática, e é exatamente isso que este livro se propõe a ensinar. Os exemplos são construídos de capítulo em capítulo, desde os primeiros princípios, até que você esteja no seu próprio caminho de descoberta musical. Este livro ensina muito, mas a verdadeira diversão começa quando você toma cada conceito e o transforma em seu.

Como em qualquer livro, tive que supor certas coisas sobre o seu conhecimento musical. Ajudará se você estiver familiarizado com a construção de acordes e o conceito de extensões. Quando for relevante, revisarei o básico deste livro, mas você se beneficiará em possuir os livros Acordes de Guitarra Contextualizados e Dominando Acordes de Jazz na Guitarra, a menos que você já tenha uma base sólida em harmonia.

Os conceitos neste livro não são relevantes apenas para a guitarra jazz: eles aprofundarão sua percepção em todas as áreas da música e também influenciarão muito os seus solos na guitarra jazz. Cada ideia de acorde é também uma ideia de solo: basta tocar o arpejo em vez do voicing de acorde.

Divirta-se!

Joseph

*Os exemplos de áudio deste livro estão disponíveis para download em **www.fundamental-changes.com***

*Basta clicar no link "Download Audio" no topo da página.*

# Obtenha o áudio

Os arquivos de áudio para este livro estão disponíveis para download gratuito no site **www.fundamental-changes.com**. O link está no canto superior direito da página. Basta selecionar o título deste livro no menu e seguir as instruções para obter o áudio.

Recomendamos que você baixe os arquivos diretamente no seu computador, não no seu tablet, e extraia-os no computador antes de adicioná-los à sua biblioteca de mídia. Você pode então colocá-los no seu tablet, iPod ou gravá-los em um CD. Na página de download há um PDF de ajuda e nós também oferecemos suporte técnico pelo formulário de contato.

**Para mais de 350 aulas gratuitas com vídeos acesse:**

**www.fundamental-changes.com**

Mais de 10.000 seguidores no Facebook: **FundamentalChangesInGuitar**

Siga-nos no Instagram: **FundamentalChanges**

# Capítulo Um: Caminhos Simples

Para começar nossa jornada pela distribuição de vozes na guitarra jazz, precisamos de um conjunto de mudanças de acordes que possamos dissecar para criar exemplos do mundo real. Escolhi o clássico do jazz, *Bella by Barlight*, pois ele tem uma harmonia muito interessante, e é comum nas *jams* de jazz. As mudanças de acordes de *Bella by Barlight* seguem:

| Em7♭5 | A7♭9 | Cm7 | F7 |
|---|---|---|---|

| Fm7 | B♭7 | E♭maj7 | A♭7 |
|---|---|---|---|

| B♭maj7 | (Em7♭5) A7♭9 | Dm7 | B♭m7 E♭7 |
|---|---|---|---|

| Fmaj7 | Em7♭5 (A7) | Am7♭5 | D7♭9 |
|---|---|---|---|

| G7♯5 | | Cm7 | |
|---|---|---|---|

| A♭7♯11 | | B♭maj7 | |
|---|---|---|---|

| Em7♭5 | A7♭9 | Dm7♭5 | G7♭9 |
|---|---|---|---|

| Cm7♭5 | G7♭9 | B♭mja7 | |
|---|---|---|---|

Para começar nossa exploração, focaremos em encontrar um caminho através dos acordes dos quatro primeiros compassos da música, usando uma distribuição de vozes simples e ignorando quaisquer alterações e extensões.

A sequência de acordes dos quatro primeiros compassos é:

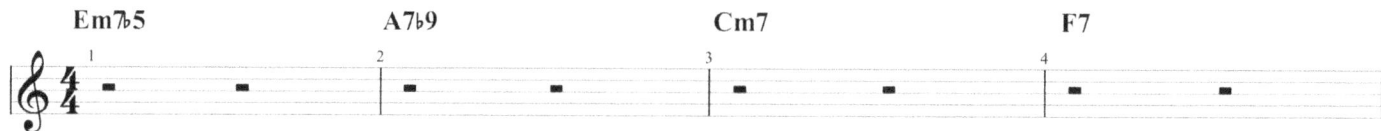

O foco do primeiro exercício é tocar por essas mudanças de acordes, mantendo as notas de cada acorde nas mesmas quatro cordas, fazendo com que cada nota se mova o mínimo possível ao mudar os acordes.

Antes de começarmos, vamos recapitular as fórmulas dos intervalos para os acordes mais comuns da guitarra jazz.

| Maior 7 | 1 3 5 7 |
|---------|---------|
| Menor 7 | 1 b3 5 b7 |
| 7 | 1 3 5 b7 |
| m7b5 | 1 b3 b5 b7 |

Se você não tem certeza de como construir qualquer um dos acordes a seguir, consulte essa tabela.

Iniciaremos a sequência de acordes com o desenho padrão de Em7b5 a seguir, embora você possa começar com qualquer voicing confortável:

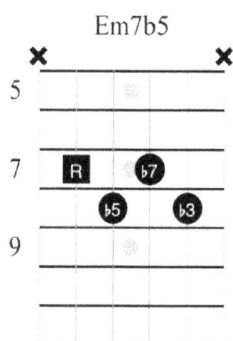

Invista tempo para se familiarizar com a localização de cada intervalo do acorde. Note onde a tônica (R), a terça, a quinta e a sétima estão localizadas no braço da guitarra.

O objetivo é mover o mínimo possível de notas entre o Em7b5 e o acorde A7 seguinte, mantendo as mesmas quatro cordas.

Se você já leu Dominando Acordes de Jazz na Guitarra, você já deve saber o seguinte desenho de acorde para A7, mas, mesmo assim, tente formar cada acorde intervalo por intervalo. Isso pode ser um pouco "doloroso" no início, mas os benefícios rapidamente se tornarão aparentes.

A tônica de A7 está localizada na casa sete da quarta corda, mas você pode vê-la mais rapidamente na quinta casa da sexta corda. Tente aprender as notas na quarta corda completamente, pois isso ajudará muito com sua fluência.

Visualize a tônica A e adicione os intervalos necessários para formar um acorde A7 (uma terça, quinta e b7). Isso é difícil, mas seja persistente e suas habilidades se desenvolverão com o tempo.

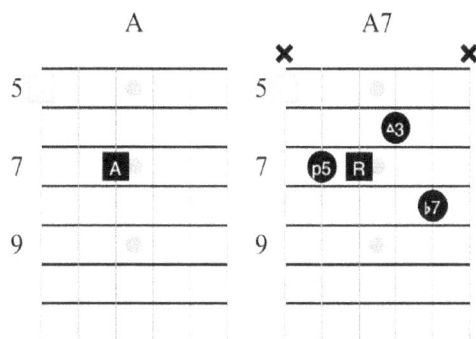

Quanto aprendemos a ver estruturas de acordes através dos seus intervalos, algumas coisas se tornam bastante claras. Por exemplo, pergunte-se como você mudaria o acorde A7 anterior em um Amaj7?

Estude a tabela da página anterior e você verá que a única diferença entre A7 e Amaj7 é que o A7 contém uma sétima diminuta (b7). Se você aumentar o b7 do A7 em um semitom, você cria um voicing de Amaj7.

Compare:

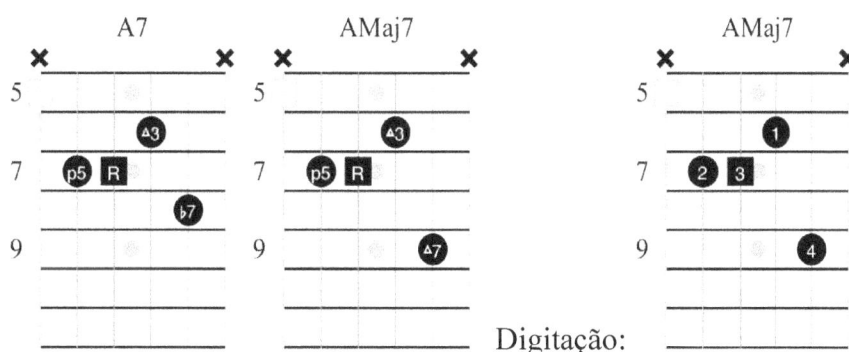

Digitação:

Exige um pouco de alongamento, mas é um ótimo voicing maj7.

Agora, como você transformaria o voicing de A7 em um voicing de Am7? Estude a tabela da página anterior novamente. Tudo que muda é que a terça maior (3) é diminuída e se torna uma terça menor (b3). Isso pode ser visto nos diagramas seguintes:

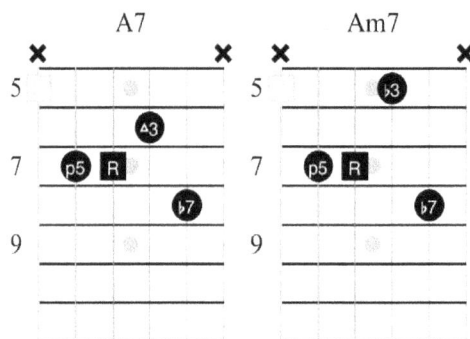

Novamente, essa digitação exige um certo alongamento, mas é outro voicing m7 comum. Você pode ver que a partir do momento que você conhece a fórmula de um acorde e como arranjar essas notas na guitarra, ajustar desenhos que você já conhece para produzir vários tipos diferentes de acordes é um processo bastante simples.

Vamos voltar para *Bella*!

Compare os voicings de acordes de Em7b5 e A7. Note como eles são similares.

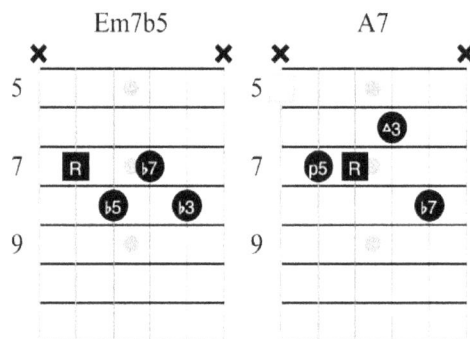

A única diferença entre esses dois acordes é que as duas vozes de dentro do Em7b5 (as notas nas cordas do meio) ambas caíram em um semitom para se tornarem a tônica e a terça de A7.

O desafio para nós é aprender a ajustar nossa percepção do braço da guitarra, cada vez que um acorde muda, apresentando uma nova tônica.

Em outras palavras, quando o acorde é Em7b5, estamos olhando para o braço da guitarra em termos da sua tônica (E) e seus tons de acordes relevantes. Assim que o acorde muda para A7, devemos ajustar nosso raciocínio de tal forma a vermos o braço da guitarra em termos da nova tônica (A) e dos intervalos de A7. Este processo demanda mentalmente, mas fica mais fácil e você desenvolverá suas habilidades com este livro.

O acorde depois de A7 é Cm7 (1 b3 5 b7).

Comece encontrando o local mais próximo da tônica (C) nas quatro cordas do meio:

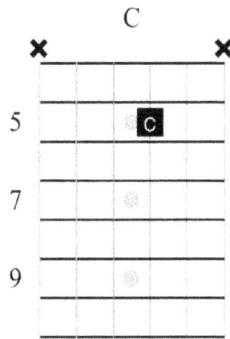

C

A seguir, gradualmente construímos os intervalos de Cm7 em torno disso.

Acordes com a tônica na terceira corda são frequentemente os acordes mais difíceis de visualizar na guitarra. A maioria dos guitarristas toca acordes com as tônicas na sexta, quinta ou quarta cordas, então as tônicas na terceira corda podem ser um mistério para nós.

A princípio, pode ser útil pensar nas notas do acorde (C Eb G Bb) e colocá-las primeiro no braço antes de pensar em intervalos. Novamente, tudo o que posso dizer é que isso fica mais fácil, mas pode ser lento e frustrante no começo. Meu conselho é tentar aproveitar a dor mental, pois isso significa que seu cérebro está aprendendo informações importantes e avançadas sobre a guitarra.

Podemos construir os intervalos de Cm7 em torno da tônica da seguinte forma:

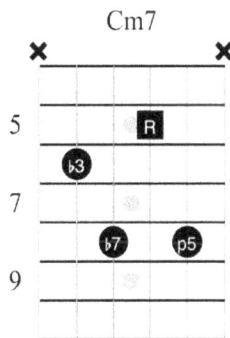

Cm7

Aprenda a reconhecer a aparência de uma b3, 5 e b7, em relação a uma tônica na terceira corda.

Este acorde pode ser desconfortável de tocar no começo, mas possui uma sonoridade fantástica a partir do momento que você se acostumar com ele.

Compare este voicing de Cm7 ao acorde A7 anterior:

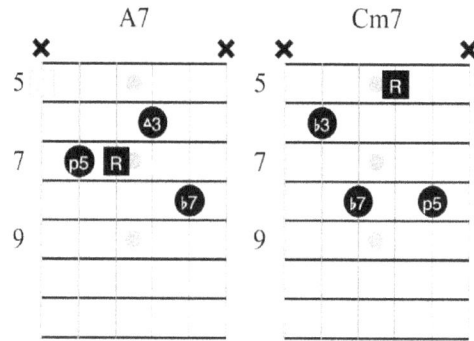

Aqui, apenas uma nota se mantém a mesma entre os dois acordes, pois há uma mudança de tom bastante pronunciada neste ponto da música. Assim mesmo, cada nota se move em apenas um semitom, e mesmo este movimento pequeno pode ser ainda mais reduzido quando começarmos a introduzir substituições e extensões mais tarde.

O acorde final na sequência é F7. O voicing mais próximo deste acorde está a seguir:

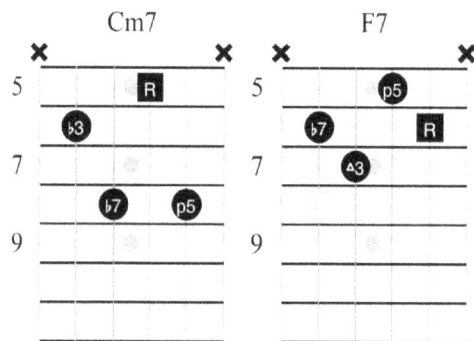

Você pode achar mais fácil visualizar a tônica deste acorde F7 como estando na quinta corda. É mostrado como um quadrado acinzentado para referência.

Mais uma vez, compare o F7 ao Cm7 anterior para ver quais vozes se moveram. Você notará que apenas duas notas foram alteradas. Essa alteração pode ser reduzida a uma nota, tocando um acorde F9 em vez do F7, e veremos essa ideia no próximo capítulo.

As últimas páginas cobriram uma grande quantidade de informação e podem parecer um pouco intimidadoras. A melhor maneira de internalizar essa abordagem é "sujar as suas mãos" e de fato praticar com uma abordagem atenta.

**Como Praticar**

Este exercício é simples no papel, mas pode demorar um pouco para dominar.

Toque o primeiro acorde da sequência, Em7b5. Toque o acorde todo e depois palhete cada corda individualmente. Conforme você palheta cada corda, diga o nome de cada intervalo em voz alta. Por exemplo:

**Exemplo 1a:**

*Os exemplos de áudio deste livro estão disponíveis para download em **www.fundamental-changes.com***

*Clique no link "Download Audio" no topo da página.*

Quando você tocar as notas de Em7b5 e disser seus nomes em voz alta, faça uma pausa e visualize as notas do próximo acorde (A7) no braço da guitarra. Antes de você ir para o A7, certifique-se de ver como os intervalos do acorde Em7b5 que você está segurando mudam para se tornarem os intervalos de A7. Isso pode levar algum tempo, mas a ideia é ver o novo acorde antes de sair do acorde que você está tocando. Observe quais notas se movem e quais notas permanecem as mesmas.

Repita este processo para cada acorde na sequência. Tente não ver a sequência como "desenhos" de acordes, como quando você aprendeu a tocar pela primeira vez. Em vez disso, tente vê-los como intervalos mudando e descendo em cascata pelo braço da guitarra. Claro, você pode já conhecer esses desenhos de acordes, mas foque em ver os intervalos em termos de cada nova tônica.

**Exemplo 1b:**

Vamos seguir em frente para os quatro próximos compassos de *Bella*.

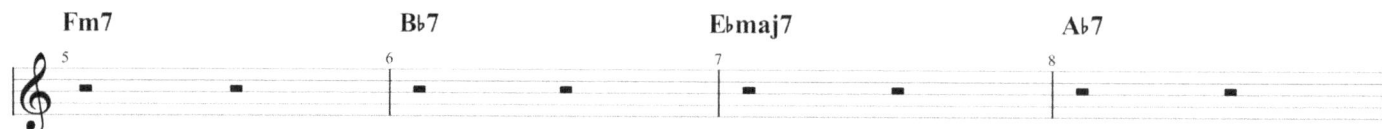

Cada acorde pode ser tocado da seguinte forma:

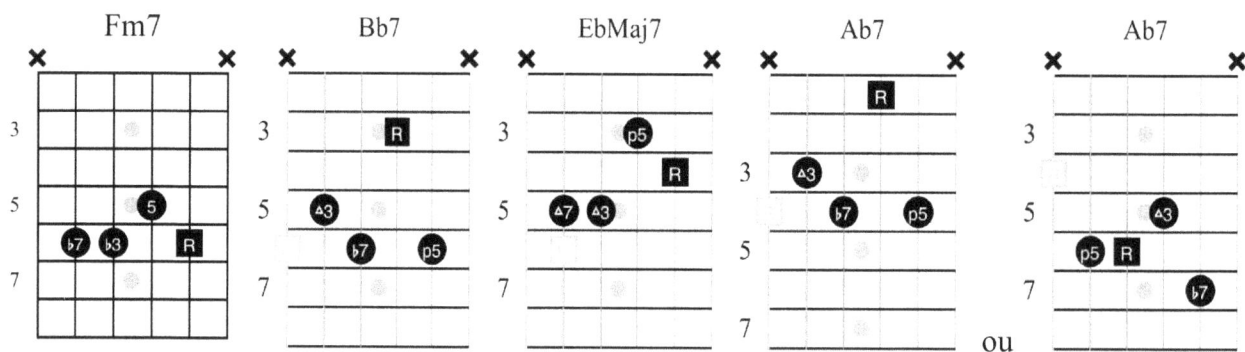

Aborde essas mudanças de acordes da mesma maneira que antes. Toque o primeiro acorde e diga os intervalos em voz alta antes de visualizar como cada nota muda para se tornar um intervalo do acorde seguinte. Só mude os acordes quando estiver confiante com o que você está prestes a tocar.

Lembre-se: tente não ver desenhos de acordes, tente ver cada acorde como um conjunto de intervalos que mudam.

Eu dei duas opções para o acorde A7 final. A primeira se encaixa de maneira mais "correta" com o exercício porque a distribuição de vozes está um pouco mais próxima, mas é um desenho que exige algum alongamento, então você pode querer voltar pelo braço da guitarra e usar a segunda opção. Desenvolver uma escolha de voicings e aprender a ver os intervalos em mais de um lugar no braço da guitarra dá muita liberdade e permite-lhe muitas opções criativas para utilizar quando estiver tocando guitarra de jazz.

Ao usar um voicing diferente para o acorde A7, o próximo acorde também será reproduzido com uma voz diferente mais próxima, configurando uma cadeia de eventos que o levará em um caminho diferente através das mudanças. Eventualmente, você será capaz de tocar qualquer voicing que escolher e improvisar livremente com sua escolha de voicing de acorde.

Quando estiver confiante com os acordes com vozes mais próximas, você começará a experimentar com as vozes que "pulam" pelo braço da guitarra ou através de grupos de cordas, normalmente com o objetivo de manter uma nota de melodia específica no topo do acorde.

Os próximos quatro compassos de *Bella* estão escritos aqui, um compasso por acorde. Certifique-se de praticar isso da mesma maneira como no exemplo 1b.

**Exemplo 1c:**

Toque através dos primeiros oito compassos e continue o processo de tocar cada acorde uma vez antes de palhetar cada nota individual e dizer o nome dos intervalos em voz alta. Visualize o próximo acorde antes de mover seus dedos.

**Exemplo 1d:**

No exemplo acima, é fácil ver como apenas uma nota se move entre F7 e Fm7 nos compassos cinco e seis.

Aqui estão os quatro compassos seguintes de *Bella*, arranjados com uma distribuição de vozes mais apertada nas cordas do meio.

**Exemplo 1e:**

BbMaj7  Em7b5  A7  Dm7  Eb7

Bbmaj7  Em7b5  A7  Dm7  Bbm7  Eb7

```
    6       5       5       3       2       2
    3       3       2       2       1       0
    7       5       2       3       3       1
    5       5       4       3       1       1
```

Pratique esses quatro compassos da mesma forma de antes e coloque grande ênfase em ver como os intervalos se movem entre cada acorde.

Aqui está uma rota pelos quatro compassos finais da seção A. Conforme começamos a perder espaço na parte de baixo da guitarra, note como começamos a ascender de volta pelo braço da guitarra.

**Exemplo 1f:**

FMaj7  Em7b5  A7  Am7b5  D7

Fmaj7  Em7b5  A7  Am7b5  D7

```
    5       3       5       4       3
    2       0       2       2       2
    3       2       5       5       4
    3       1       4       3       3
```

Há alguns alongamentos desafiadores aqui, mas cada desenho ficará mais fácil com o tempo. Alguns desenhos farão você ajustar a posição do pulso, ou colocar seu cotovelo "para fora". Experimente e encontre a posição mais acessível para você.

Por hora, não se preocupe muito com os alongamentos estranhos. Conforme introduzirmos substituições, extensões ou alterações, podemos evitar digitações difíceis (se quisermos!) e aumentar a suavidade da distribuição de vozes ainda mais.

Para recapitular, aqui estão os primeiros dezesseis compassos de *Bella by Barlight*, utilizando voicings nas quatro cordas do meio. Note que tocamos a ii V menor (Em7b5 – A7) de uma forma diferente em cada ocorrência.

**Exemplo 1g:**

| Em7b5 | A7 | Cm7 | F7 |
|---|---|---|---|
| 8 | 8 | 8 | 6 |
| 7 | 6 | 5 | 5 |
| 8 | 7 | 8 | 7 |
| 7 | 7 | 6 | 6 |

| Fm7 | Bb7 | Ebmaj7 | Ab7 |
|---|---|---|---|
| 6 | 6 | 4 | 7 |
| 5 | 3 | 3 | 5 |
| 6 | 6 | 5 | 6 |
| 6 | 5 | 5 | 6 |

| Bbmaj7 | Em7b5 | A7 | Dm7 | Bbm7 | Eb7 |
|---|---|---|---|---|---|
| 6 | 5 | 5 | 3 | 2 | 2 |
| 3 | 3 | 2 | 2 | 1 | 0 |
| 7 | 5 | 5 | 3 | 3 | 1 |
| 5 | 5 | 4 | 3 | 1 | 1 |

| Fmaj7 | Em7b5 | A7 | Am7b5 | D7 |
|---|---|---|---|---|
| 5 | 3 | 5 | 4 | 3 |
| 2 | 0 | 2 | 2 | 2 |
| 3 | 2 | 5 | 5 | 4 |
| 3 | 1 | 4 | 3 | 3 |

No próximo capítulo, veremos como usar extensões, alterações e voicings sem tônica para suavizar a distribuição de vozes em cada mudança de acorde.

# Capítulo Dois: Extensões e Voicings sem Tônica

Como mencionei na introdução, raramente é necessário tocar a tônica do acorde e muitas vezes outros intervalos podem ser omitidos também. A teoria por trás da omissão de notas é frequentemente ensinada academicamente e rigidamente, com regras específicas sobre quais notas podem ser colocadas (ou não) em um acorde e quando é aceitável fazê-lo. A verdade é que não existem regras rígidas e rápidas sobre quais notas devem ser incluídas. Na maioria das vezes, o ouvinte preenche inconscientemente as lacunas quando uma distribuição de vozes forte é usada, mesmo quando uma nota importante como a terça é omitida.

Ao omitir a tônica e, ocasionalmente, outros intervalos, podemos acessar outras notas que adicionam riqueza e interesse às texturas dos acordes. Normalmente, quando uma nota como a tônica é omitida, ela é substituída por outra nota, seja uma extensão natural (nona, décima primeira ou décima terceira) ou por uma alteração cromática (b9, #9, b5 ou #5).

Essas extensões e alterações são abordadas em grande detalhe em meus livros Acordes de Guitarra Contextualizados e Dominando Acordes de Jazz na Guitarra, mas a tabela a seguir mostra as escolhas mais comuns para acordes de jazz. Essa lista não é completa: as extensões podem ser combinadas e você deve estar ciente das notas enarmônicas, como uma b5 sendo idêntica a uma #11.

| Tipo de acorde | Fórmula | Extensões comuns |
|---|---|---|
| Maj7 | 1 3 5 7 | 9 #11 13 (ou 6) |
| m7 | 1 b3 5 b7 | 9 11 |
| m7b5 | 1 b3 5 b7 | b9 9 11 |
| 7 (inalterado) | 1 3 5 b7 | 9 11 #11 13 |
| 7 (alterado) | 1 3 (5) b7 | b9 #9 b5 (#11) #5 (b13) |

Não há notas a serem "evitadas", mas décimas terceiras (ou sextas) precisam ser administradas com cuidado em acordes menores. O acorde ii conterá naturalmente uma décima terceira natural, enquanto acordes iii e vi contêm b13. Considere-as como casos especiais e algo a ser estudado mais tarde.

Uma substituição importante a saber é que os acordes Maj7 são geralmente tocados como acordes 6 ou 6/9 na guitarra. Por exemplo, em vez de tocar EbMaj7 no compasso sete de *Bella by Barlight*, é comum ouvir Eb6 (1 3 5 6) ou Eb6/9 (1 3 6 9). Os pianistas podem usar fórmulas diferentes para tocar acordes 6 e 6/9, mas esses voicings funcionam bem na guitarra. Às vezes, a sétima pode ser incluída em um acorde de 6/9 se a tônica for omitida, embora tecnicamente isso seja um acorde Maj13.

Um acorde de sétima dominante atuando como um acorde V7 funcional (por exemplo, em uma progressão ii V I) pode normalmente tomar qualquer nível de tensão que você queira adicionar, embora certas situações possam sugerir uma tensão específica. Uma tensão que normalmente é aceitável adicionar a qualquer dominante funcional é a b9. A b9 é normalmente substituída pela tônica e é provavelmente a tensão mais comum usada no jazz.

A melhor maneira de aprender esses sons é estudar como eles são usados em partes de guitarra rítmica. As "regras" da harmonia são subjetivas, portanto, se alguém lhe falar sobre uma regra musical, não a desconsidere, mas use-a como uma base sólida a partir da qual é possível explorar. A maioria das coisas na música têm a ver com contexto; é sempre possível tocar algo que seria considerado uma nota "errada" pela maioria dos especialistas em teoria, se for feito no ponto certo da música. Esta habilidade se resume ao ritmo, fraseado e convicção.

É importante perceber que as escolhas de notas alteradas deste livro não são tomadas randomicamente. Em outras palavras, cada escolha de nota ocorre porque ela fornece uma boa distribuição de vozes entre os acordes.

Vamos estudar algumas possibilidades de "extensão e alteração" nos quatro primeiros compassos de *Bella by Barlight*.

Começaremos com um voicing comum de Em7b5.

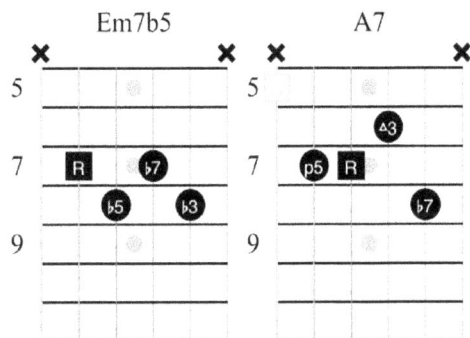

No capítulo anterior, duas notas mudaram entre os acordes Em7b5 e A7. Vamos ver como podemos reduzir ainda mais a quantidade de vozes que se movem.

Para refrescar sua memória, aqui estão os quatro primeiros compassos de *Bella by Barlight*:

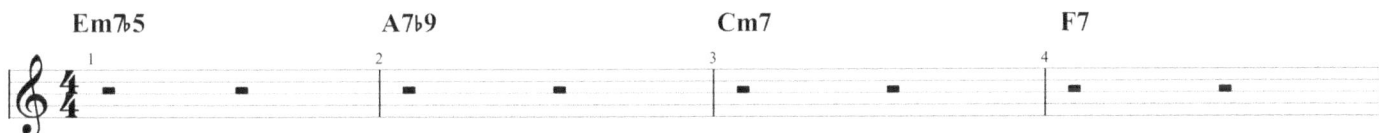

Apesar de o A7 não resolver em um acorde D, ele ainda é considerado parte de uma progressão ii V e aceitará alguma tensão. Além disso, a melodia da música original nesse ponto contém uma b9 (Bb), por isso pode ser apropriado refletir aquela tensão na parte do acorde.

O acorde Em7b5 já contém a nota Bb (na quarta corda), por isso, em vez de descer para a tônica do acorde A7 (A) como antes, podemos deixá-la no seu lugar e apenas mover o b7 do Em7b5 para baixo, para se tornar a terça de A7. Isso é mais fácil de entender quando visto no diagrama abaixo.

**Exemplo 2a:**

Em7b5     A7b9

(diagrama de acordes)

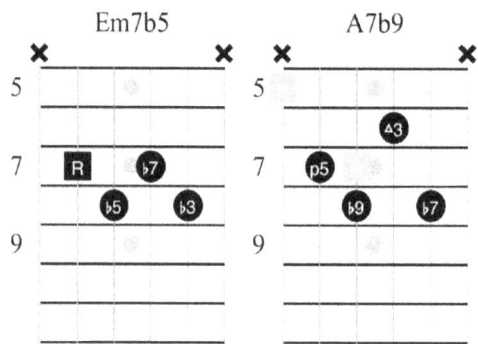

Introduzimos simultaneamente uma alteração rica e bela para o acorde A7, também reduzindo o número de vozes que se movem, para criar uma harmonia musical eficiente e bem amarrada.

Como em qualquer acorde, há muitas extensões que podem ser adicionadas ao Cm7 seguinte, embora nesse caso minha primeira escolha seria continuar com o voicing inalterado do Capítulo Um, pois ele continua a distribuição de vozes passo a passo.

**Exemplo 2b:**

Em7b5     A7b9     Cm7

(diagrama de acordes)

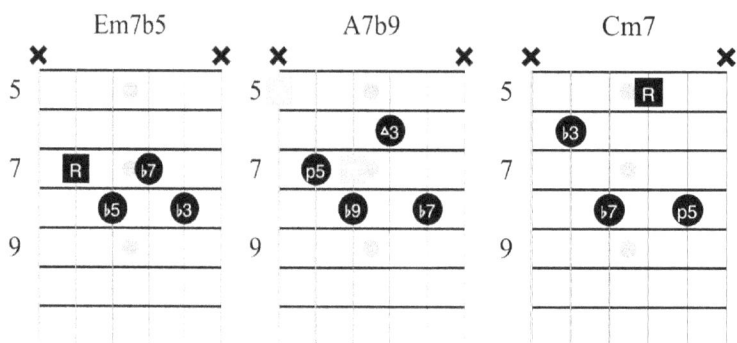

Note como a nota na terceira corda cai em um semitom em cada acorde.

Nonas podem ser livremente adicionadas à maioria dos acordes de sétima dominante. Ao adicionar uma nona ao F7 a seguir, podemos nos mover do Cm7 para o F9 mudando apenas uma nota. No diagrama a seguir, você pode ver como substituímos a tônica do acorde Fm7 (F) com a nona (G).

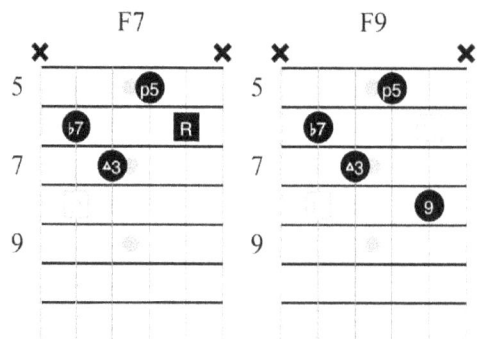

F7     F9

(diagrama de acordes)

A nona de F7 (G) é a mesma nota que a quinta do acorde Cm7 anterior (G), permitindo que essa nota não seja alterada sobre os dois acordes. Como você pode ver, apenas uma nota muda agora entre Cm7 e F9. A b7 de Cm7 (Bb) cai para a terça de F9 (A).

**Exemplo 2c:**

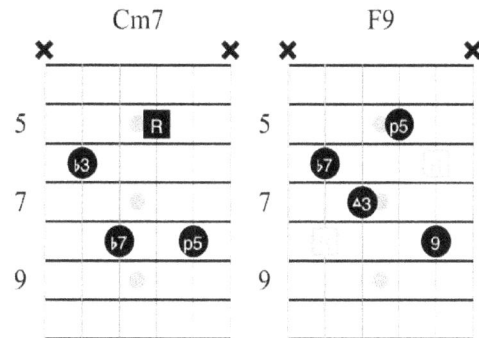

Naturalmente, há outras extensões que poderiam ser usadas no acorde F7, mas nesse momento estamos focados em criar os menores movimentos possíveis entre acordes.

Toque os primeiros quatro compassos de *Bella*, prestando muita atenção à distribuição de vozes em cada corda. Como antes, tente visualizar cada intervalo e as mudanças de notas antes de reproduzi-las. Toque cada acorde antes de palhetar cada nota, dizendo os intervalos em voz alta.

É muito importante adotar o hábito de "construir" cada acorde a partir de seus intervalos constituintes sempre que você mudar de acorde. Tente não memorizar os desenhos; construa cada acorde nota por nota colocando primeiro a tônica, depois outros intervalos.

**Exemplo 2d:**

Podemos continuar em uma abordagem similar nos quatro compassos seguintes.

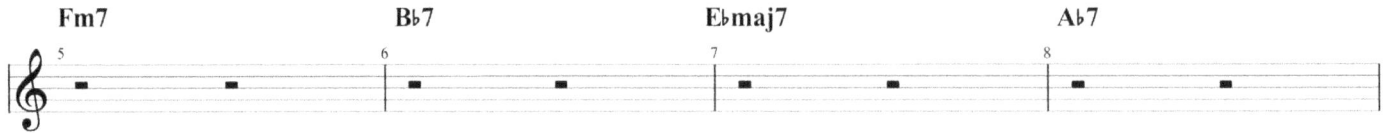

No compasso anterior de F7, a tônica foi substituída pela nona. Conforme visto na tabela no começo do capítulo, a nona é um ótimo intervalo para tocar em ambos os acordes F7 e Fm7, então vamos deixar isso onde está por hora.

Agora, a única nota que muda entre F9 e Fm9 é a terça (A). Ela deve cair em um semitom para se tornar a b3 de Fm9 (Ab).

**Exemplo 2e:**

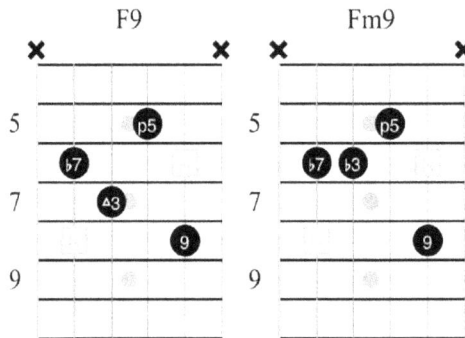

O próximo acorde é um Bb7 funcional que resolve no seguinte compasso para o tônico EbMaj7. Mais uma vez, podemos formar um voicing de Bb7 mudando apenas uma nota do Fm9 anterior.

A questão para nos perguntarmos quando encontramos rotas através de sequências de acordes é "o que cada intervalo neste acorde se torna quando tocado sobre a tônica do próximo acorde?"

O próximo diagrama pode parecer um pouco confuso no início, mas vai ajudá-lo a "entrar na cabeça" de um bom guitarrista de jazz. O primeiro diagrama mostra os intervalos de Fm9 (o acorde que estamos tocando) sobre a tônica de F. O segundo diagrama mostra as mesmas notas, mas desta vez elas são vistas como intervalos de Bb (o acorde para o qual estamos nos movendo).

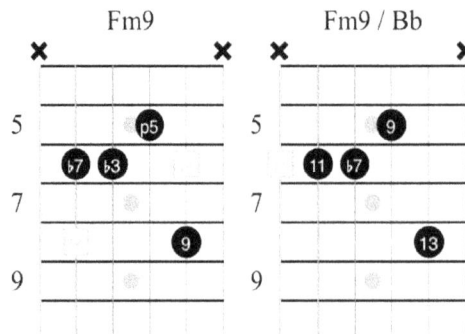

Olhe para o segundo diagrama e compare-o com a tabela do início do capítulo. Quais notas são aceitáveis em um acorde Bb7 e quais precisam mudar?

Bem, a resposta verdadeira é que todas podem funcionar bem em um acorde de Bb7. Tocar esse grupo de notas sobre uma nota Bb grave forma o acorde Bb13sus4 (11 é o mesmo que 4). Poderíamos continuar tocando esse conjunto de notas para criar uma harmonia tensa conforme o baixo se move para Bb. No entanto, nesse ponto da progressão, é muito mais forte ouvir a terça do Bb7, então a minha sugestão é posicionar a décima primeira para a terça da seguinte forma:

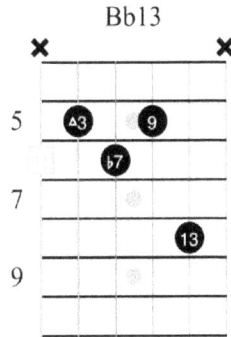

Deve ser dito que não há certo ou errado aqui. Você pode querer tocar o Bb13sus4 por algumas batidas antes de resolver no Bb13.

Como você pode ver, mover apenas uma nota do Fm9 cria um acorde Bb13 rico e estendido que inclui a nona. Voicings sem tônica de acordes são extremamente úteis na guitarra: ao usar apenas quatro notas podemos criar harmonias bonitas e avançadas

Lembre-se: pergunte a si mesmo, em cada mudança de acorde, quais notas podem permanecer as mesmas e quais devem se mover.

Vamos nos mover para o acorde EbMaj7.

Observe quais intervalos as notas do acorde atual (Bb13) formam contra a tônica Eb:

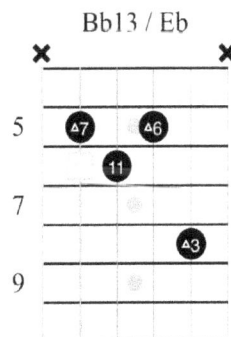

Consulte novamente a tabela. Como você pode ver, a sétima, a sexta e a terça funcionam em um acorde EbMaj7, mas a décima primeira se chocará com a terceira. O problema é que, se simplesmente derrubarmos a décima primeira para a terça maior, haverá duas terças maiores neste voicing.

Uma boa solução é derrubar a décima primeira para a terça, mas também derrubar a terça mais aguda para a nona, criando um acorde Maj13 (um acorde Maj6 que inclui a sétima):

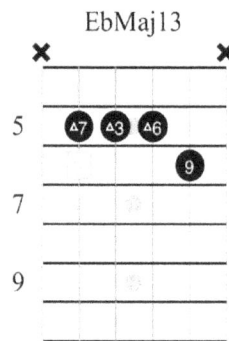

**EbMaj13**

Novamente, este é um voicing sem tônica que possui uma leve tensão devido à sétima no baixo. A sonoridade é ótima, mas possivelmente um voicing a ser evitado se você está trabalhando em um duo com um cantor inexperiente. Se você precisa tocar a tônica como a nota mais grave, então você pode optar por um acorde Eb6/9 mais padrão:

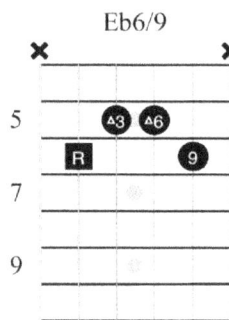

**Eb6/9**

O acorde final dessa seção é o Ab7. Em *Bella by Barlight* é comum tocar como um acorde A7#11 (ou lídio dominante). Mais uma vez, veja quais intervalos os tons do acorde corrente EbMaj13 formam contra a tônica do próximo acorde Ab7#11:

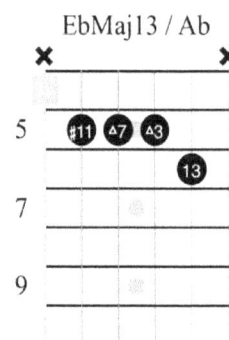

**EbMaj13 / Ab**

Este voicing já contém três intervalos que podemos usar para o Ab7#11. A única nota que precisa mudar é a sétima, que deve cair em um semitom para o b7 (Gb):

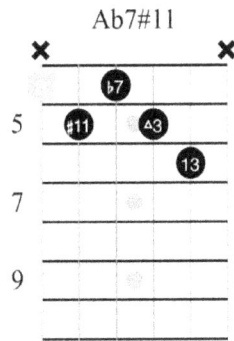

Ab7#11

Você pode reconhecer esse acorde como um desenho D7#9 "do Hendrix", mas sobre uma tônica Ab ele funciona de forma completamente diferente.

Recapitule a segunda porção de quatro compassos de *Bella*, tocando cada acorde e, então, seus intervalos.

**Exemplo 2f:**

Toque suavemente ao longo dos primeiros oito compassos da música e visualize as tônicas de quaisquer voicings sem tônicas. Note como a nota do topo de cada acorde permanece inalterada durante os primeiros seis compassos. Compare essa sequência a como você costumava tocar esses acordes.

**Exemplo 2g:**

Infelizmente, não há espaço nesse livro para analisar e discutir todas as mudanças de acordes em *Bella* com diagramas e comparações, então eu condensei os oito compassos restantes em uma linha. Todos os acordes têm seus intervalos mostrados nas grades dos acordes. É seu trabalho dissecar e aprender como cada nota funciona na sequência.

Preste atenção a quais extensões/alterações são usadas e por quê. Se uma extensão é usada, atente ao tom de acorde que é substituído.

**A segunda porção de oito compassos de *Bella by Barlight***

**Exemplo 2h:**

A sequência anterior mostra apenas uma rota através das mudanças de acordes. No próximo capítulo, discutiremos como encontrar novos caminhos. Por hora, tente achar novas rotas ao adicionar diferentes extensões em cada acorde dominante.

Os acordes da seção B de *Bella by Barlight* são os seguintes:

Comece encontrando os voicings mais próximos para esses acordes, enquanto ignora quaisquer alterações cromáticas como fizemos no Capítulo Um. Por exemplo, em vez de G7b13, toque apenas G7. Um caminho pode ser tocado da seguinte forma.

**Exemplo 2i:**

Os primeiros oito compassos deste exemplo contêm apenas quatro acordes, cada um durando dois compassos. Tente encontrar um novo voicing do mesmo acorde a cada dois compassos e continue a sua distribuição de vozes a partir daí. O exemplo a seguir deve dar um impulso para novas explorações.

**Exemplo 2j:**

```
        G7                                    Cm7
T |----6--------|----8--------|----8--------|----11-------|
A |----4--------|----7--------|----5--------|----8--------|
B |----5--------|----9--------|----8--------|----10-------|
  |----5--------|----8--------|----6--------|----10-------|
```

Exploramos em detalhes como incorporar essas técnicas à sua forma de tocar no livro Dominando Acordes de Jazz na Guitarra. Já que você pode pular entre qualquer inversão de cada acorde, este conceito requer prática muito organizada pois cada voicing de acorde afeta diretamente o próximo.

A segunda linha do Exemplo 2i contém três dos quatro movimentos comuns menores ii V nas quatro cordas do meio. Aprenda-as minuciosamente, pois elas ocorrem com frequência.

Conforme você começar a perceber como os acordes com sétima funcionam, comece a adicionar extensões e alterações aos acordes para formar distribuições de vozes mais próximas. Os acordes de sétima dominante nos oito compassos finais são frequentemente tocados como acordes 7b9. Aqui está apenas uma rota através das mudanças.

**Exemplo 2k:**

```
    G7b13            Cm11             Ab7#11           Bb6/9
T |--4----(4)--|--4----(4)--|--6----(6)--|--6----(6)--|
A |--4----(4)--|--3----(3)--|--5----(5)--|--5----(5)--|
B |--3----(3)--|--3----(3)--|--4----(4)--|--5----(5)--|
  |--5----(5)--|--3----(3)--|--5----(5)--|--5----(5)--|
```

```
  Em7b5  A7#5b9  Dm7b5  G7b9  Cm7b5  F7b9  Bbmaj9  Bb6/9
T |--5--|--6--|--6--|--6--|--7--|--7--|--6--|--6--|
A |--3--|--3--|--5--|--4--|--5--|--5--|--5--|--5--|
B |--5--|--5--|--6--|--6--|--8--|--7--|--7--|--5--|
  |--5--|--4--|--5--|--5--|--5--|--6--|--5--|--5--|
```

Trabalhe lentamente pelo Exemplo 2k, mapeando o intervalo de cada acorde um a um. Considere usar uma página em branco com as grades dos acordes e escrever cada acorde com os intervalos marcados em cada nota. Observe cuidadosamente para perceber quais decisões de voicings eu fiz quando me movo de um acorde para o outro.

Você pode mais uma vez querer investigar a possibilidade de mudar voicings em cada compasso. Mudar voicings levará você para um novo lugar no braço da guitarra e afetará diretamente o voicing de cada acorde que se segue.

Lembre-se! Evite aprender essa progressão como uma série de desenhos de acordes. Aprenda a ver os intervalos de um acorde se movendo para novos intervalos no acorde subsequente. É mais fácil falar do que fazer, mas é possível se forçar a ver além do desenho de acorde e focar apenas nos intervalos. Requer um esforço consciente pensar dessa forma, e você ficará fatigado mentalmente. Sua concentração e visão melhorarão com a prática, portanto relaxe e aproveite o processo de aprendizagem. Faça pausas quando necessário.

Conscientemente construa *todos* os acordes a partir de seus intervalos componentes *todas* as vezes. Não pense em desenhos de acordes: construa cada acorde, nota por nota, posicionando a tônica e então adicionando o restante dos intervalos.

# Capítulo Três: Exercícios de Voicings e Ideias para Praticar

Os capítulos anteriores ajudaram você a construir um caminho sólido através das mudanças de acordes de *Bella by Barlight*, usando uma eficiente distribuição de vozes e introduzindo alterações e extensões para ajudar a suavizar o movimento entre cada voz do acorde.

Neste capítulo, você aprenderá a explorar, expandir e praticar suas próprias ideias para a distribuição de vozes através de mudanças de acordes. Através das ideias a seguir, um conceito deve dominar seu pensamento: "o princípio da nota mais próxima". Sempre se mova entre os acordes, alterando o menor número de notas.

As ideias deste capítulo são mais uma vez ensinadas no contexto de *Bella by Barlight*, mas devem ser aplicadas a todas as músicas de jazz que você estudar.

A primeira ideia para praticar é simplesmente iniciar a progressão de acordes com um voicing diferente. Como cada acorde subsequente é formado ajustando as notas do anterior, iniciar a progressão em um local diferente forçará você a seguir um caminho diferente através das mudanças. Por sua vez, isso melhora drasticamente sua capacidade de encontrar, rapidamente, intervalos de acordes em diferentes partes do braço, aumentando sua visão e fluência na guitarra.

Nos capítulos anteriores, começamos a progressão com esse voicing de Em7b5:

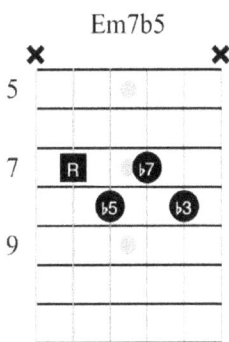

No entanto, não há motivo que obrigue o uso desse voicing de Em7b5. Começar em um lugar diferente permite-nos praticar e encontrar diferentes rotas através das mudanças. O exemplo a seguir mostra um caminho através dos oito primeiros compassos, começando com o voicing a seguir de Em7b5.

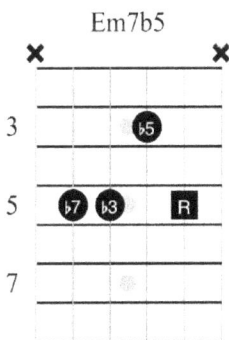

**Exemplo 3a:**

Analise cuidadosamente essa sequência de acordes para se certificar que você entende todas as escolhas de notas antes de continuar pela progressão de acordes.

Há quatro inversões do acorde Em7b5 "drop 2" que você pode começar estudando. Cada um é um ponto de partida para uma rota diferente através da sequência de acordes. Os quatro voicings são os seguintes:

O primeiro dos quatro voicings anteriores pode ser tocado em uma oitava mais grave, usando a terceira corda solta.

A próxima ideia de prática é tocar a sequência, enquanto a nota mais alta de cada acorde desce ou permanece no mesmo tom. Esta abordagem tem sido parte de todos os exercícios deste livro até agora, porque a harmonia de *Bella by Barlight* tende a descer. No entanto, estar consciente da nota da melodia (do topo) do acorde novamente permitirá que você abra o braço da guitarra.

O exemplo a seguir começa com um voicing alto de Em7b5 e desce melodicamente. Como sempre, veja cada acorde como um conjunto de intervalos e analise cada escolha de nota. É complicado começar, mas é a maneira mais benéfica de praticar.

**Exemplo 3b:**

Continue essa sequência através de toda a progressão de acordes. Trabalhe em intervalos pequenos de dois a quatro compassos de uma vez de tal forma que você não se canse muito.

Em seguida, tente apenas permitir que a nota de cima descenda em cada acorde. Pode ser fácil ficar sem espaço no braço da guitarra, por isso às vezes é necessário pular uma oitava para o topo da guitarra para continuar.

Aqui estão os primeiros oito compassos tocados com notas melódicas descendentes. Observe que o salto de oitava no compasso cinco permite que a nota da melodia caia passo a passo de D para C, embora em uma oitava para cima.

**Exemplo 3c:**

Continue com a progressão, garantindo que a nota mais alta de cada acorde caia a cada mudança.

As progressões do jazz tendem, frequentemente, a descer harmonicamente, pois é comum que os acordes se movam em intervalos de quintas e quartas. Uma abordagem muito útil para tocar guitarra rítmica é forçar os voicings a ascenderem e se moverem na direção oposta à harmonia.

Essa abordagem ascendente pode ser praticada de duas maneiras. A primeira maneira é garantir que a nota mais alta (melódica) de cada acorde suba ou permaneça constante em cada mudança de acorde. A segunda maneira é tocar apenas uma nota de melodia ascendente em cada acorde.

O exemplo a seguir usa uma combinação de notas de melodia ascendentes e estáticas. Trabalhe com este exemplo antes de continuar a abordagem durante toda a progressão.

**Exemplo 3d:**

No próximo exemplo, a nota melódica ascende em cada acorde.

**Exemplo 3e:**

Continue este exemplo durante toda a progressão. Conforme você fica sem casas, volte para a parte inferior do braço da guitarra para continuar a sequência. Trabalhe em frases pequenas de dois compassos e vá com calma.

Outra ótima maneira de praticar o reconhecimento de acordes e intervalos é limitar a sua execução em pequenas áreas de 5 casas do braço da guitarra, mantendo cada voicing nas mesmas quatro cordas. Este exercício é bastante exigente, então use os voicings simples de sétima no início.

Os primeiros oito compassos de *Bella by Barlight* podem ser tocados com os voicings com sétima das casas um a cinco, como segue.

**Exemplo 3f:**

Conforme sua confiança cresce, tente adicionar extensões/alterações simples aos acordes onde você sentir que eles são apropriados. Uma maneira de fazer isso é mostrada abaixo, mas você deve ser capaz de criar suas próprias abordagens.

**Exemplo 3g:**

Eu "roubei" um pouco aqui e usei uma corda solta. No entanto, fazer música boa é sempre a prioridade, e eu senti que esse era o voicing mais apropriado para usar nesse momento.

Para expandir a partir do exercício anterior, divida o braço da guitarra em regiões diferentes de seis casas e toque por toda a música em uma nova região do braço da guitarra.

O exemplo a seguir mostra uma maneira de tocar a segunda porção de oito compassos de *Bella* entre as casas seis e dez.

**Exemplo 3h:**

Tente encontrar o maior número de rotas de vozes próximas através dos acordes em diferentes posições. Comece usando voicings com sétima simples antes de introduzir extensões e alterações.

\* \* \*

Há muitas maneiras de construir acordes na guitarra usando diferentes grupos de cordas e estruturas diferentes. Por exemplo, poderíamos usar apenas as quatro cordas superiores, as quatro cordas intermediárias ou, na verdade, qualquer outra combinação de cordas que gostaríamos de escolher.

Examinaremos mais detalhadamente os voicings de acordes em outros conjuntos de cordas em capítulos posteriores, mas tenha em mente que cada um dos exercícios de voicings anteriores poderia (e deveria) ser aplicado a outros tipos de voicings, sendo os mais comuns as estruturas de acordes "drop 2" e "drop 3".

Para você começar com outros voicings, vamos dar uma olhada nos oito primeiros compassos de *Bella*, começando com um voicing drop 3 do acorde Em7b5. Até agora, temos usado principalmente voicings drop 2 de cada acorde. Para mais explicações desse conceito, veja o meu livro Dominando Acordes de Jazz na Guitarra.

Em7b5 pode ser tocado como um voicing drop 3 da seguinte maneira:

Em7b5 (Drop 3)

Novamente, se mova através da sequência de acordes, mantendo o movimento de cada voz tão próximo quanto possível do anterior, enquanto mantém todas as notas nas mesmas cordas.

**Exemplo 3i:**

Continue essa abordagem durante toda a música.

Usar diferentes voicings ajuda a ver intervalos no braço em vez de memorizar desenhos individuais de acordes. É claro que, se você já conhece esses voicings de acorde, precisa ter certeza de ver cada acorde em termos de seus intervalos constituintes e não apenas como um desenho predefinido.

O objetivo deste livro é ensinar você a ver dentro de cada acorde e aprender a escolher quais intervalos você toca. Memorizar desenhos de acordes é um bom começo, mas se você não vê além dos desenhos, está deixando de lado os conceitos mais fundamentais de reconhecimento de intervalos, distribuição de vozes e criatividade espontânea. À medida que suas habilidades se desenvolvem, você começará a escolher quais intervalos você toca ao improvisar as partes da guitarra rítmica.

O exemplo a seguir começa com um voicing drop 2 nas quatro cordas do topo e usa acordes com vozes próximas para percorrer a seção C (compassos 25 a 32) de *Bella by Barlight* com voicings com sétima. Os seguintes desenhos de acordes são repetidos em uma sequência descendente.

**Exemplo 3j:**

O exemplo anterior é bastante previsível e segue a harmonia descendo pelo braço da guitarra. Tente tocar a mesma sequência, mas dessa vez ascenda pelo braço da guitarra conforme demonstrado.

**Exemplo 3k:**

Em7b5 · A7b9 · Dm7b5 · G7b9 · Cm7b5

F7b9 · BbMaj7

(chord diagrams and tablature)

| Em7b5 | A7b9 | Dm7b5 | G7b9 | Cm7b5 | F7b9 | Bbmaj7 |
|---|---|---|---|---|---|---|
| 6 | 6 | 8 | 7 | 8 | 8 | 10 | 6 |
| 5 | 5 | 6 | 6 | 7 | 7 | 10 | 6 |
| 7 | 6 | 7 | 7 | 8 | 8 | 10 | 7 |
| 5 | 5 | 6 | 6 | 8 | 7 | 8 | 7 |

Mesmo com acordes bastante simples, arranjar os voicings para que eles subam no braço contra uma harmonia descendente é uma bela técnica musical.

Finalmente, para esta seção, aqui está uma técnica de prática que é completamente oposta a tudo que estudamos até agora, mas é uma maneira fantástica de acelerar o seu pensamento e melhorar sua criatividade.

O conceito por trás desta técnica de prática é simplesmente manter a tônica de cada acorde na mesma corda enquanto toca as mesmas estruturas de acordes (drop 2, drop 3, etc). Isso é bastante simples quando a tônica do acorde está na sexta, quinta ou quarta corda, mas é mais desafiador quando a tônica está na segunda ou na terceira corda.

Para demonstrar, vamos começar com a tônica do Em7b5 na quinta corda. Em seguida, tocaremos os primeiros quatro compassos de *Bella by Barlight*, mantendo a tônica de cada acorde na mesma corda. Isso significa que estaremos nos movendo grandes distâncias e constantemente reorganizando nosso pensamento.

Isso deve ser um exercício bem fácil, já que você provavelmente já conhece esses voicings e as tônicas estão todas localizadas em uma corda familiar.

**Exemplo 3l:**

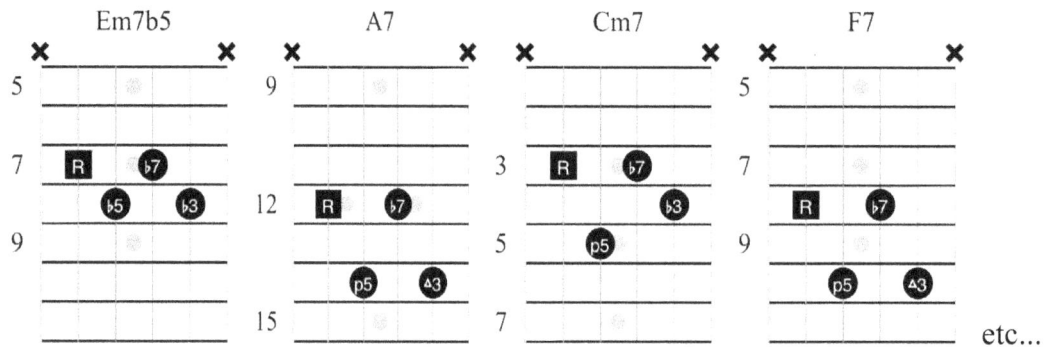

Quando você pratica, conscientemente construa *todos* os acordes que você toca a partir de seus intervalos componentes *toda* vez que você muda de acorde. Não pense em desenhos de acordes; construa os acordes nota por nota, posicionando primeiro a tônica e depois a terça, a quinta e finalmente a sétima. Mais tarde, quando você estiver adicionando/substituindo extensões ou alterações, você deve ser capaz de ver imediatamente quais intervalos você deseja substituir.

Tente o exercício novamente, mas desta vez mantenha a tônica de cada acorde na *segunda* corda. Lembre-se de não memorizar desenhos de acordes! Encontre a tônica na segunda corda a cada vez e construa o acorde a partir da tônica.

**Exemplo 3m:**

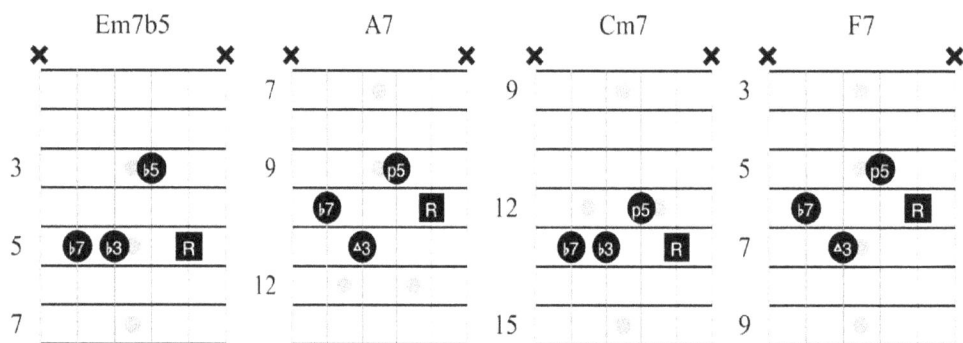

A maioria das pessoas acham os voicings anteriores muito mais difíceis de visualizar, já que não estão tão familiarizadas com os intervalos da guitarra quando vistos de uma tônica na segunda corda. Continue por toda a progressão usando acordes simples com sétima, garantindo que você mantenha a tônica de cada acorde na segunda corda. Você dominará rapidamente os quatro tipos principais de acordes de jazz (Maj7, m7, 7 e m7b5) tocados como voicings drop 2 com tônicas na segunda corda.

Conforme sua confiança se desenvolve, você pode começar a perceber desenhos de acordes, não intervalos individuais. Se isso acontecer, tente construir os acordes em uma ordem diferente. Por exemplo, coloque a terça do acorde primeiro, depois a sétima, depois a quinta e, finalmente, a tônica. Mantenha estes exercícios frescos e desafiadores, a fim de desenvolver escolhas e liberdade em sua execução.

O próximo estágio é usar voicings sem tônica enquanto visualiza a tônica de cada acorde na segunda corda. Este é um exercício muito desafiador.

Para começar, toque *todos os acordes* com uma nona substituindo a tônica. Cada acorde poderia, em teoria, ser tocado com uma natural ou b9 dependendo de seu contexto. Use seus ouvidos para ajudá-lo a decidir qual usar.

Aqui estão os primeiros oito acordes de *Bella* tocados com voicings de nona que omitem a tônica. A tônica de cada corda é visualizada na segunda corda (B).

**Exemplo 3n:**

Continue com essa ideia por toda a progressão de acordes de *Bella by Barlight*.

Exercícios como esse realmente nos ajudam a isolar intervalos específicos e a melhorar amplamente o conhecimento do braço da guitarra, já que devemos visualizar tanto a tônica como a sua substituição. Podemos estender este exercício ainda mais para mirar as décimas primeiras e décimas terceiras também.

Você já deve ter notado que colocar a tônica na segunda corda significa que todos os outros tons de acordes também permanecem nas mesmas cordas, ou seja, a terça está sempre na quarta corda e a quinta está sempre na terceira corda quando usamos voicings drop 2 de acordes.

Toque a sequência de acordes novamente, mas desta vez substitua a terça de cada acorde com uma décima primeira natural. Os acordes soam incomuns e há algumas digitações estranhas, mas é um ótimo exercício para nos ajudar a ver o braço da guitarra. Invista tempo nessas tarefas e trabalhe em pequenas porções de um ou dois compassos.

**Exemplo 3o:**

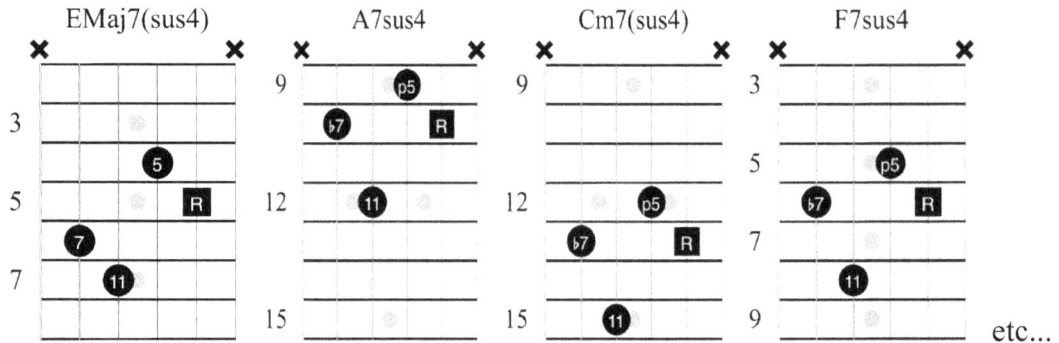

Por fim, substitua todas as quintas com décimas terceiras.

**Exemplo 3p:**

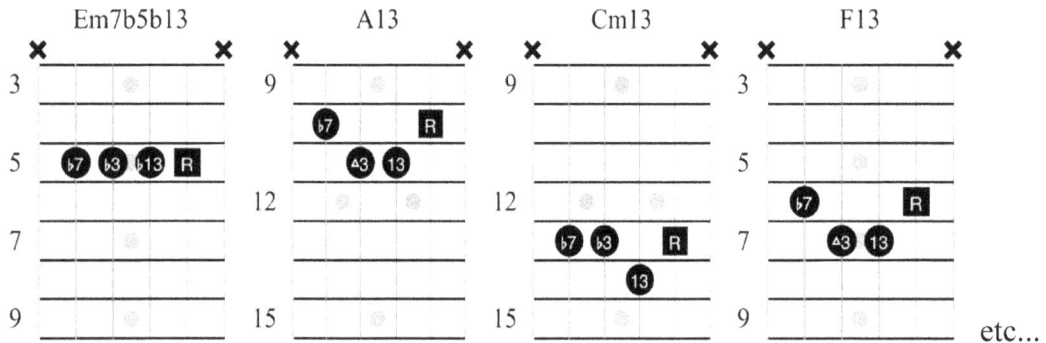

Alterar os acordes desta maneira funciona bem com acordes drop 2, com suas tônicas na segunda corda, embora alguns desenhos de acordes possam ser impossíveis de tocar quando a tônica é colocada na terceira ou quarta corda, então faça o que puder. Se um voicing não puder ser tocado, simplesmente toque o acorde com sétima ou ajuste um tom diferente.

Levará tempo para desenvolver confiança e visão com esses exercícios, mas quando você começar a melhorar, tente fazer o mesmo conjunto de exercícios usando acordes drop 2 com a tônica na terceira corda.

Seu ponto de partida para esses exercícios pode ser o voicing seguinte de Em7b5:

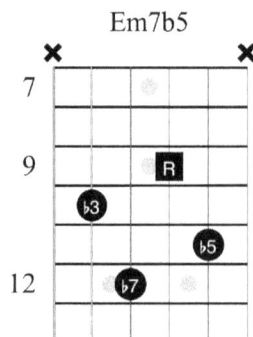

Se você achar que ficou sem pontos de partida, você pode querer refrescar sua memória com os voicings de acordes essenciais do livro Dominando Acordes de Jazz na Guitarra.

Como uma extensão desses exercícios, tente repetir as ideias de substituição acima, mas volte a limitar o alcance no braço da guitarra. Por exemplo, toque cada acorde como uma nona (substituindo a tônica), mas mantenha a sua execução dentro de um espaço predefinido de seis casas no braço da guitarra.

O exemplo a seguir mostra como tocar os primeiros oito acordes de *Bella by Barlight*, como nonas dentro do intervalo das primeiras cinco casas.

**Exemplo 3q:**

Repita esse exercício em outras regiões limitadas da guitarra.

Os exercícios mostrados neste capítulo podem e devem ser repetidos com quaisquer outras estruturas de acordes que você saiba e podem ser aplicados a qualquer progressão de jazz. Eles fornecem uma sólida base para a distribuição de vozes na guitarra jazz.

# Capítulo Quatro: Dominantes Secundárias

"Qualquer acorde pode ser precedido por um acorde dominante tocado uma quinta acima".

Os acordes dominantes secundários são frequentemente usados na harmonia do jazz, e nos dão muitas oportunidades de criar progressões de acordes interessantes e complexas. Vamos começar explorando como formar os dominantes secundários em detalhes com alguns voicings de acordes simples.

O primeiro exercício nos ensina como tocar um acorde dominante na quinta de cada acorde em uma escala harmonizada de C maior. Um acorde dominante na quinta de um acorde é chamado de *dominante secundário*, pois é secundário ao acorde dominante original do tom.

A escala harmonizada de C maior pode ser tocada com voicings drop 2 da seguinte maneira:

**Exemplo 4a:**

A seguir, precisamos aprender qual é o dominante secundário de cada acorde. Eles são mostrados na seguinte tabela:

| Acorde | Dominante Secundário |
|--------|----------------------|
| CMaj7 | G7 |
| Dm7 | A7 |
| Em7 | B7 |
| FMaj7 | C7 |
| GMaj7 | D7 |
| Am7 | E7 |
| Bm7b5 | F#7 * |

* Você pode estar esperando que o dominante secundário do Bm7b5 seja F7, mas não é. Dominantes secundários são sempre formados na quinta perfeita da tônica, então ignoramos o fato de que acordes m7b5 contêm uma b5 (no caso de Bm7b5 a b5 é F, uma nota diatônica na escala de C), e usamos a quinta perfeita (F#) embora não seja diatônica em relação ao tom de C.

Podemos agora posicionar um acorde dominante secundário antes de cada acorde no tom de C maior.

**Exemplo 4b:**

\* Atenção! Mais uma vez, a natureza visual do braço da guitarra é nosso inimigo. É fácil ser pego tocando padrões de desenhos como você pode ver acima. Em vez de pensar "tudo o que tenho que fazer é mover um acorde dominante através de uma corda", certifique-se de passar pelo processo mental de encontrar a nota dominante de cada acorde. Diga cada uma em voz alta sem olhar para a guitarra para se certificar de que você não está dependendo de padrões visuais de movimentos da tônica.

Nesse estágio, o efeito geral é criar um tipo de sensação "clássica". Essencialmente (com exceção do G7 diatônico), cada dominante secundário introduz notas na progressão que não estão na tonalidade original, e músicos clássicos tratariam essa sequência como oito pequenas modulações ou mudanças de tom.

Agora que você entende como um acorde dominante secundário funciona, podemos repetir a sequência anterior com melhor distribuição de vozes, usando voicings de quatro notas em um grupo de cordas específico.

Vamos começar com voicings drop 2 nas quatro cordas do topo. É importante que você conheça esses voicings. Se tiver alguma dúvida, consulte o livro Dominando Acordes de Jazz na Guitarra.

**Exemplo 4c:**

Ao usar dominantes secundários e uma boa distribuição de vozes, mesmo uma escala diatônica começa a soar mais musical e interessante, embora esta seja apenas a ponta do iceberg.

Se você estiver confiante com desenhos de acordes drop 2 e é adepto em "pensar" neste ciclo dominante, tente ver além dos desenhos de acordes, olhando os intervalos individuais em cada acorde. No entanto, este exercício demanda muito mentalmente, por isso sua primeira prioridade deve ser desenvolver memória sobre cada acorde dominante.

Teste-se:

Qual é o dominante secundário de Am7?

Qual é o dominante secundário de Em7?

Qual é o dominante secundário de Bb7?

Se as suas respostas não forem instantâneas, continue praticando até que você possa responder imediatamente. Pode ser útil fazer *flash cards* para testar você mesmo aleatoriamente.

O exemplo anterior usava uma distribuição próxima de vozes, mas, em geral, os voicings tendem a descer. No Capítulo Três, discutimos diferentes maneiras de explorar as sequências de acordes, portanto, vamos aplicar brevemente algumas dessas técnicas antes de prosseguir.

Conforme os voicings do exemplo anterior descenderam, vamos fazer com que a nota do topo permaneça a mesma ou suba no braço. Os dois primeiros compassos são feitos para você, mas você deve continuar com a sequência. É uma prática essencial.

A seguir, fique dentro de uma área de cinco ou seis casas.

Trabalhe com as ideias de prática no Capítulo Três usando essa sequência de acordes. Experimente-os com diferentes voicings e em diferentes conjuntos de cordas. Lembre-se, as principais opções são:

1) A nota do topo permanece a mesma ou sobe em cada acorde

2) A nota do topo sobe em cada acorde

3) A nota do topo permanece a mesma ou desce em cada acorde

4) A nota do topo desce em cada acorde

5) Toque dentro de um intervalo de casas predefinido

6) Mantenha a tônica de cada voicing na mesma corda

Concentre-se em usar apenas as quatro cordas do topo por enquanto, mas você pode querer voltar aqui mais tarde para aplicar essas ideias de prática aos acordes dominantes secundários que usam voicings diferentes em conjuntos de cordas diferentes.

Em seguida, vamos começar a adicionar algumas tensões alteradas a cada acorde dominante. Como cada acorde dominante secundário atua como um dominante funcional (resolutivo), podemos adicionar tanta tensão quanto quisermos a cada um.

Começaremos substituindo a tônica de cada acorde dominante por um intervalo b9, enquanto usamos voicings drop 2 nas quatro cordas superiores.

**Exemplo 4d:**

Cmaj7  A7♭9  Dm7  B7♭9  Em7  C7♭9  Fmaj7  D7♭9

G7  E7♭9  Am7  F#7♭9  Bm7♭5  G7♭9  Cmaj7

Este exemplo ilustra belamente um conceito chamado de substituição diminuta. Tocar um acorde de sétima diminuta na terça de um acorde dominante sempre formará um acorde 7♭9 sem tônica. Por exemplo,

C#Dim7 sobre A7 = A7♭9.

D#Dim7 sobre B7 = B7♭9.

Trabalhe no exemplo anterior novamente e certifique-se que você consegue ver que, ao aumentar a tônica de qualquer acorde "7" em um semitom, você forma um acorde 7♭9. Isso também pode ser visto como tocar um acorde de sétima diminuta (1 b3 b5 bb7) na terça do acorde de sétima dominante original.

Vamos repetir o exercício, mas desta vez também adicionaremos uma nona a cada um dos acordes da escala diatônica original. Tenha em mente que o acorde iii (Em7) e o acorde vii (Bm7b5) ambos se harmonizam para ter b9s e não nonas naturais.

**Exemplo 4e:**

Cmaj9  A7♭9  Dm9  B7♭9  Em7♭9  C7♭9  Fmaj9  D7♭9

G9  E7♭9  Am9  F#7♭9  Bm7♭5♭9  G7♭9  Cmaj9

Por fim, vamos alterar cada acorde dominante de uma forma diferente e tocar cada um com uma #5 (b13) ao aumentar a quinta em um semitom. Isolar alterações cromáticas dessa forma é uma ótima maneira de aprender a ver intervalos e ouvir o efeito deles. Para manter a simplicidade, voltarei a tocar voicings com sétima em cada acorde diatônico.

Ajustar a quinta de cada acorde dominante é um pouco mais complicado. Assim, para ajudá-lo, aqui estão os quatro desenhos de acordes de sétima dominante que usaremos. Encontre a quinta em cada um e simplesmente aumente-a em um semitom para acessar a #5 (b13).

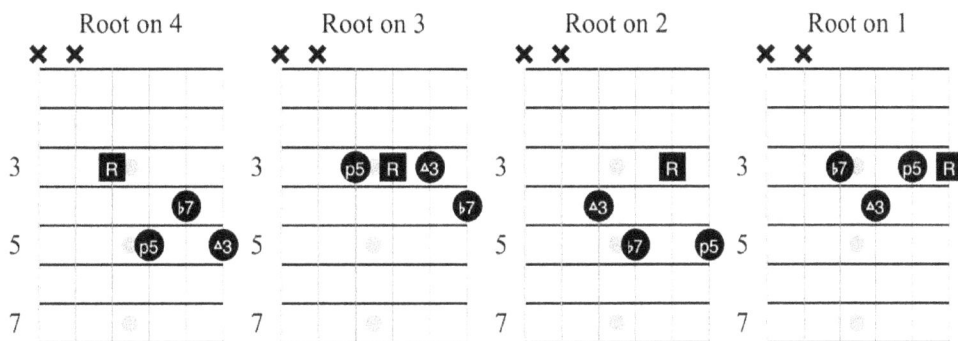

Quando estiver confiante com a localização de cada quinta, caminhe pela mesma progressão diatônica de acordes e toque cada acorde dominante secundário com uma #5 (b13).

**Exemplo 4f:**

Repita o exercício e toque cada acorde dominante secundário com uma #5 e uma b9.

Tente começar os exercícios anteriores de cada um dos quatro voicings diferentes do acorde de Cmaj7:

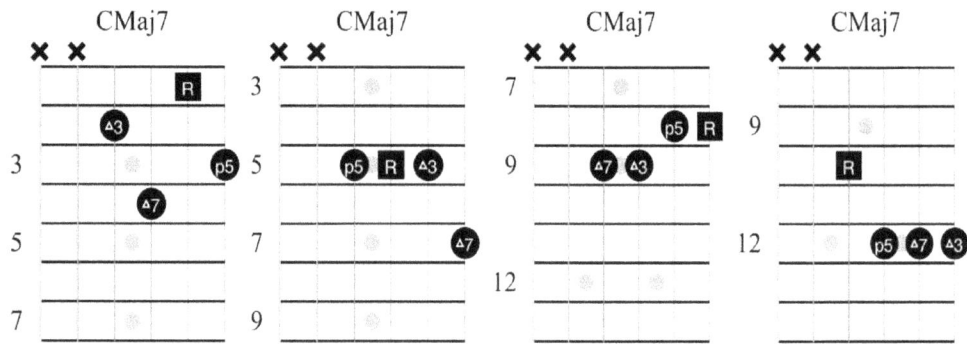

A cada vez você deve ser capaz de encontrar um novo caminho em torno das mudanças.

Aplique estes exercícios do capítulo a diferentes *voicings* de acordes, como os acordes drop 2 e drop 3 com tônicas nas cordas cinco e seis. Para mais ideias de voicings, consulte o meu livro Dominando Acordes de Jazz na Guitarra.

É bastante importante que você faça os exercícios anteriores em diferentes tons. Comece seus estudos trabalhando com a escala harmonizada de Bb maior:

| I | ii | iii | IV | V | vi | vii |
|---|----|-----|-----|---|----|-----|
| BbMaj7 | Cm7 | Dm7 | EbMaj7 | F7 | Gm7 | Am7b5 |

Toque os exercícios nos tons de Eb, F e G maior, antes de explorar tons menores.

Logo começaremos a aplicar acordes dominantes secundários a progressões de acordes de jazz reais, mas primeiro há alguns outros conceitos importantes que devem ser entendidos.

O primeiro conceito é que você pode adicionar um acorde ii a qualquer dominante secundário. Por exemplo, tome a progressão a seguir:

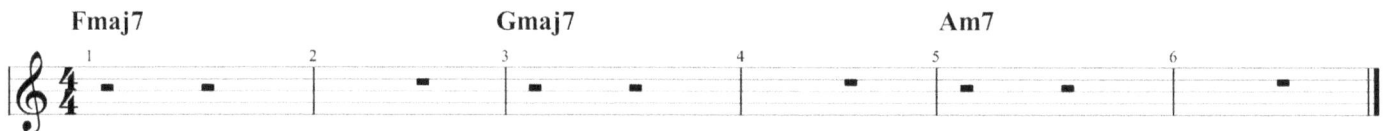

Vimos como adicionar um dominante secundário a cada acorde para criar a progressão a seguir:

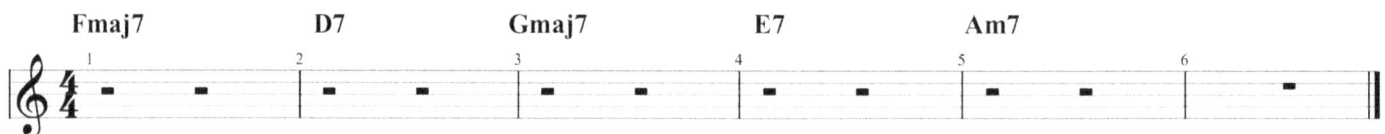

Podemos preceder cada um dos acordes dominantes secundários com um acorde ii para formar uma progressão ii V I no sentido do acorde diatônico seguinte.

O acorde ii de um acorde de sétima dominante é construído na quinta, então o acorde ii que antecede o D7 é Am7.

Uma coisa importante a ter em mente é a qualidade do acorde que o acorde dominante secundário está resolvendo. Se o acorde dominante secundário resolve em um acorde maior, normalmente usamos um acorde m7 ii. Se o dominante secundário resolve em um acorde menor, normalmente usamos um acorde m7b5.

Este movimento ii V I é ilustrado no seguinte diagrama:

| | *Major ii V I* | | | *Minor ii V I* | | |
|---|---|---|---|---|---|---|
| FMaj⁷ | Am⁷ | D⁷ | GMaj⁷ | Bm⁷ᵇ⁵ | E⁷ | Am⁷ |
| Diatonic Major | iim7 | S.D. | Diatonic Major | iim7b5 | S.D. | Diatonic Minor |

S.D. = Dominante Secundária

O acorde ii construído na quinta de D7 é Am7. É um acorde m7 porque está resolvendo em um acorde Maj7 no compasso três.

O acorde ii construído na quinta de E7 é um acorde m7b5 porque está resolvendo em um acorde m7 no compasso cinco.

Ao resolver no acorde diatônico vii m7b5 (Bm7b5 no tom de C), o acorde ii pode soar um pouco engraçado. Não se preocupe com isso por hora e trabalhe com o seguinte exercício usando acordes com pestana e tônicas nas cordas cinco e seis como você fez no Exemplo 4b.

**Exemplo 4g:**

Os compassos alternados agora formam uma progressão ii V, resolvendo no seguinte acorde diatônico.

Olhando para o exemplo anterior, é fácil ver até que ponto chegamos a partir da simples progressão de acordes diatônicos no início deste capítulo, mas, mais uma vez, este é apenas um ponto de partida para os seus próprios estudos aprofundados. Comece tocando a progressão anterior com uma distribuição de vozes próximas, nas quatro cordas do topo da guitarra, como feito anteriormente.

**Exemplo 4h:**

O exemplo acima comprime os acordes em oito compassos, mas não se preocupe com o ritmo por enquanto. Invista todo o tempo que você precisar para entender e internalizar o conceito de adicionar um "ii V" antes de cada acorde diatônico.

Não há espaço suficiente neste livro para levá-lo através de todas as permutações de alterações e extensões que podem ser adicionadas a cada acorde, para não mencionar os voicings desses acordes em diferentes inversões e locais na guitarra.

Não se apresse e tente sempre olhar além dos desenhos dos acordes para ver os intervalos em cada acorde – evite apenas memorizar cada desenho. Veja a seguir uma longa lista de opções, portanto, esteja preparado para trabalhar essas ideias em sua prática por um período de meses e anos, não apenas horas e dias. Antes de abordar a lista a seguir, continue lendo este capítulo para ver como os dominantes secundários podem ser usados em um contexto musical.

- Toque cada acorde dominante secundário com um b9 substituindo a tônica.

- Toque cada acorde dominante secundário com um #5 substituindo a quinta.

- Toque cada acorde dominante secundário com ambos o b9 e o #5.

- Toque cada acorde dominante secundário com um b5 substituindo a quinta.

- Toque o acorde de cada dominante secundário ii com uma nona (ou b9, dependendo de sua função), substituindo a tônica.

- Toque cada acorde da progressão diatônica original com uma nona (ou b9) substituindo a tônica.

- Trabalhe de forma lógica através de um processo de combinação das ideias anteriores.

- Comece de cada uma das quatro diferentes inversões do acorde CMaj7 e suba/desça para cada mudança.

- Comece de cada uma das quatro inversões de outros tipos de voicings. Por exemplo, voicings drop 3.

- Trabalhe em grupos de cordas diferentes a partir de cada um dos quatro voicings de CMaj7.

- Pratique essas ideias em tons diferentes.

## Aplicação Musical

Dominantes secundárias e seus acordes ii associados podem ser usadas quase a qualquer momento que você mudar de acorde. Por exemplo, tome os quatro primeiros compassos de *Bella by Barlight*.

Os dois primeiros compassos de *Bella* já formam um ii V que parece que deve ser resolvido em um Dm7, embora haja realmente uma mudança de tom e nos movemos para o Cm7. É possível usar técnicas de dominantes secundários em uma progressão de acordes ii V existente, mas é mais fácil aprender aplicando a acordes que não estejam separados por uma quinta. Na progressão acima, o A7 a Cm7 é um bom candidato.

O gráfico a seguir mostra como trabalhar para trás a partir do Cm7, para adicionar o dominante secundário e, em seguida, seu acorde ii.

O dominante secundário de C é o G7, e o ii normalmente seria Dm7b5, porque estamos resolvendo em um acorde de C menor 7. No entanto, há uma pequena anomalia aqui que você deve estar ciente. Eu aconselho que você use um acorde Dm7 como o ii, não um Dm7b5.

A razão para isto é que o acorde A7 antes de Cm7 contém a nota A, mas o Dm7b5 contém a nota Ab (Ab é o b5 de D). O Ab soa um pouco estranho depois do A7 no compasso anterior. Ao tocar o acorde ii como Dm7, evitamos esse problema inteiramente, pois o Dm7 contém a nota A como uma quinta natural. Isso não quer dizer que você não possa tocar o Dm7b5, só precisa de um pouco de cuidado.

**Exemplo 4i:**

Toque através desta sequência com acordes naturais simples da seguinte maneira. Preste muita atenção ao ritmo do compasso dois, pois o fraseado rítmico dos acordes recém-introduzidos é importante. Para adicionar "suavidade", tente tocar cada acorde dominante com uma tensão 7#5.

Podemos adicionar um dominante secundário antes do Fm7 no compasso cinco. Eu usei um acorde de décima terceira dominante aqui, pois a décima terceira de C (A) é a mesma nota que a terça maior de F7 e eu não queria destacar a mudança importante de F7 para Fm7 muito cedo na melodia.

**Exemplo 4j:**

Em7♭5      A7#5   Dm7   G7#5    Cm11       F7     Gm7♭5   C13      Fm7

Agora que vimos como esses dominantes secundários trabalham em contexto, podemos usar uma distribuição de vozes próximas, levando-os a fluir mais musicalmente.

Os voicings a seguir são tocados nas quatro cordas do meio da guitarra, mas você deve explorar outras regiões e permutações também. Como a harmonia agora começa a se tornar bastante densa, você pode, a princípio, omitir o acorde ii de cada dominante secundário e começar tocando o dominante secundário na batida três dos compassos dois e quatro.

**Exemplo 4k:**

Em7b5      A7b9      Dm7      G7b9      Cm7 / Cm9

F9      Gm7b5      C7b9      Fm7

Em7♭5    A7♭9    Dm7   G7    Cm9      F9    Gm7♭5   C7♭9    Fm7

Os oito compassos intermediários de *Bella* também são os principais candidatos para o tratamento dominante secundário, já que cada acorde é mantido por dois compassos.

57

A sequência de acordes é a seguinte:

Mesmo que o movimento do G7#5 para o Cm7 já seja uma progressão V – I, podemos adicionar uma sequência dominante secundária ii V no compasso dois. Também adicionaremos dominantes secundários ao Ab7 e ao BbMaj7 e tocaremos um dominante secundário no compasso oito, como se estivéssemos indo para o acorde Em7b5 no compasso a seguir.

A progressão resultante é:

Toque com simples acordes naturais antes de arranjar os acordes com boa distribuição de vozes.

**Exemplo 4l:**

## Exemplo 4m:

## Exemplo 4n:

Trabalhe lentamente pela progressão acima para se certificar que você entende como cada extensão e alteração é tocada em cada acorde.

Você pode não ter esperado ver o acorde G7#5b9 no início do exemplo 4m, mas é uma escolha perfeitamente aceitável (e musical) porque o movimento G7 a Cm7 na progressão é uma resolução funcional. A nota b9 (Ab) se torna o b5 do acorde ii Dm7b5 seguinte.

Uma coisa importante a notar é que esta tensão G7#5b9 é criada usando uma simples substituição de acordes. O primeiro voicing do Exemplo 4m é claramente um acorde Fm7b5, então lembre-se que tocar um acorde m7b5 no b7 de um acorde dominante dá os intervalos b7, 3, #5 e b9.

Essa ideia é resumida na tabela a seguir:

| Notas do Fm7b5 | F | Ab | Cb (B) | Eb (D#) |
|---|---|---|---|---|
| Intervalos formados contra uma tônica G | b7 | b9 | 3 | #5 |

Essa é uma substituição muito útil para usar tanto como uma ideia de acordes quanto melódica. Tente tocar um arpejo Fm7b5 sobre um acorde G7 funcional (de resolução) quando você solar.

Encontre todas as maneiras que puder para tocar os oito compassos do meio de *Bella by Barlight* na guitarra. Tente adicionar suas próprias extensões e tensões, especialmente nos acordes dominantes. Toque as mudanças em tantos lugares diferentes quanto possível, enquanto se concentra em uma boa distribuição de vozes entre cada acorde. Os quatro voicings drop 2 de G7, tanto nas quatro cordas do meio quanto nas quatro cordas superiores, são um ótimo lugar para começar, antes de passar para acordes drop 3 com tônicas na quinta ou sexta cordas.

Lembre-se de que você não precisa tocar as tensões escritas e pode ser uma boa ideia começar ignorando-as completamente. Toque o primeiro acorde como um G7 e ignore o #11 no acorde Ab7. O #11 é frequentemente tocado, pois reflete a nota da melodia da música naquele momento, mas você não precisa tocá-lo se não quiser.

Para ideias de prática, volte ao Capítulo Três e trabalhe em algumas das sugestões.

Acima de tudo, não se preocupe em fazer tudo ficar perfeitamente correto neste estágio. Neste capítulo, é importante extrair o conceito de acordes secundários dominantes e seus acordes ii associados.

É ótimo se testar longe da sua guitarra. Dê a si mesmo uma tônica e veja com que rapidez você pode encontrar seu acorde dominante secundário e seu acorde ii. Mais uma vez, *flash cards* podem ajudar aqui. Por exemplo:

Encontre a progressão dominante secundária ii V para o acorde Bm7.

O V de Bm7 é F#7.

O ii de F#7 é Cm7b5.

Quais são as sequências ii V dominantes secundárias para os seguintes acordes:

EMaj7, D7, Gm7, Fm7b5, C#m7?

Você prefere o som de um iim7b5 – V7 ou um iim7 – V7 ao resolver em um acorde de sétima dominante?

Se o acorde de resolução é G7, você prefere Am7b5 – D7 – G7, ou Am7 – D7 – G7? Que tal A7#11 – D7 – G7?

Não há respostas certas ou erradas. Estou apenas tentando encorajá-lo a encontrar sua própria voz. Experimente essas ideias e as respostas chegarão até você.

Procure por outros pontos em *Bella by Barlight*, onde você pode usar dominantes secundários, e teste as ideias deste capítulo em diferentes tons e com diferentes músicas. Há uma vida inteira de estudos interessantes a serem feitos, e nenhum livro pode lhe dar todas as respostas.

# Capítulo Cinco: A Substituição do Trítono

A substituição do trítono (ou "b5") é bastante simples, mas é um conceito musical essencial frequentemente usado por músicos de jazz.

Um trítono é o nome dado à distância entre três tons. Três tons acima de qualquer nota formam um intervalo b5.

O conceito é o seguinte:

Qualquer acorde funcional de sétima dominante pode ser substituído por outro acorde de sétima dominante construído sobre o b5 do acorde original.

Vamos ver essa ideia em ação.

Considere a sequência seguinte que ocorre na seção final de *Bella*:

O A7(b9) é um acorde dominante funcional que resolve no Dm7b5.

A regra da substituição do trítono diz que podemos tocar um acorde dominante no b5 de A7.

O b5 de A7 (três tons acima) é a nota Eb.

Então, podemos tocar o acorde Eb7 no lugar do A7b9 para criar a seguinte sequência de acordes:

Observe como o movimento de tônica entre cada acorde agora cai em semitons: E – Eb – D.

Essa ideia funciona mesmo se o baixista tocar a tônica original (A) enquanto tocamos a substituição do trítono na guitarra. Tudo que acontece é que introduzimos algumas tensões alteradas interessantes ao acorde A7 original.

A tabela a seguir mostra quais alterações são criadas quando tocamos um Eb7 sobre uma tônica A.

| Notas do Eb7 | Eb | G | Bb | Db/C# |
|---|---|---|---|---|
| Intervalo formado contra uma tônica A | b5 | b7 | b9 | 3 |

Como você pode ver, retemos o essencial da terça e da b7 do acorde A7, mas introduzimos as tensões cromáticas b5 (#11) e b9. Cálculos rápidos da substituição do trítono são essenciais quando improvisamos com acordes.

Quais são as substituições dos trítonos dos seguintes acordes?

G7, F7, Bb7, E7 e D7.

A maneira como calculei essas substituições quando não soube imediatamente a resposta foi primeiro encontrar a quinta perfeita e depois diminuí-la em um semitom. Por exemplo, meu processo mental foi algo assim:

Qual é a substituição do trítono de G7?

A quinta de G7 é D e um semitom abaixo de D é Db, então a substituição do trítono de G7 é Db7.

No fim das contas, esse processo se tornará tão rápido e inconsciente quanto saber que 2 + 2 = 4.

Os oito compassos finais de *Bella by Barlight* formam uma sequência descendente de progressões ii V I em três tons diferentes, acabando por resolver no acorde tônico de BbMaj7. Eles podem ser vistos no diagrama a seguir:

O Dm7b5 funciona como o acorde I para a sequência Em7b5 – A7b9 e como o acorde ii na progressão ii V I seguinte. O mesmo é verdade para o acorde Cm7b5.

Podemos tocar uma substituição de trítono em cada acorde dominante na progressão acima para formar a seguinte sequência. Use acordes naturais simples na quinta corda para tocar a seguinte progressão.

**Exemplo 5a:**

Como com as dominantes secundárias, podemos posicionar acordes ii antes de cada substituição de b5 (trítono). O acorde ii está uma quinta acima da tônica do novo acorde V7. Por exemplo, o acorde ii de Eb7 é Bbm7.

Essas substituições são mostradas abaixo.

| ii | | ii of bV | bV | (i) ii | | ii of bV | bV |
|---|---|---|---|---|---|---|---|
| Em7b5 | | Bbm7 | Eb7b9 | Dm7b5 | | Abm7 | Db7b9 |

| (i) ii | | ii of bV | bV | I |
|---|---|---|---|---|
| Cm7b5 | | F#m7 | B7b9 | Bbmaj7 |

Essa sequência pode ser tocada com voicings de acordes básicos na guitarra da seguinte maneira. Note que estou usando acordes 9 em vez de 7, para fornecer uma distribuição de vozes mais suave em cada substituição de trítono.

**Exemplo 5b:**

Em7b5    Bbm7   Eb9    Dm7b5    Abm7   Db9    Cm7b5    F#m7   B9    Bbmaj9

Nesse ponto, precisamos mencionar uma consideração importante com relação à peça musical que estamos tocando. Embora os conjuntos de substituições listados acima estejam teoricamente corretos, eles nem sempre funcionarão perfeitamente com a melodia da música. Obtenha uma partitura do Real Book de *Stella by Starlight* e examine a melodia dessa seção. Nos dois primeiros compassos do excerto acima, a melodia é a seguinte:

Em7b5                  A7b9

No compasso A7b9, a melodia contém o b7, a tônica e b9 de A7b9. Com os trítonos substituídos nos acordes ii V acima, a nova harmonia é:

Em7b5              Bbm7       Eb9

Agora fica claro que há alguns problemas com essa nova harmonização do A7b9. A nota A, na batida um, forma uma sétima maior contra o acorde Bbm7, e a nota G agora forma uma sexta natural. Grave-se tocando a melodia e depois toque os acordes substituídos para ouvir esse confronto.

Embora esta substituição de b5 não seja "tecnicamente" errada, este exemplo nos ensina uma lição muito importante e valiosa. A melodia da música sempre ditará as substituições que você pode usar.

Embora as substituições acima possam não complementar a melodia, elas podem ser boas escolhas para tocar com o solista, ou se a melodia for diferente.

Então, se o acorde dominante secundário e seu acorde ii não funcionam neste exemplo específico, como podemos alterar a substituição para levar em conta a melodia?

Uma possibilidade é simplesmente omitir o acorde Bbm7. É possível ver as notas da melodia (A e G) como pertencentes ao Em7b5 no compasso anterior. Você poderia tocar esses dois compassos da seguinte maneira:

**Exemplo 5c:**

Se estivéssemos desesperados para harmonizar a nota G no compasso dois, poderíamos aplicar uma técnica comumente usada no jazz e substituir o Bbm7 por um Bb7 (#9). Ao trocar o acorde menor por um acorde dominante, ele nos permite usar a substituição do trítono de E. Isso significa que poderíamos usar um acorde E7#9 para harmonizar o G na batida dois:

**Exemplo 5d:**

Como chegar em um E7#9 será explicado mais tarde, então não se preocupe com isso por hora.

Uma questão similar ocorre nos dois compassos seguintes, onde Abm7 e Db9 são substituídos pelo G7b9. Veja se você consegue perceber as dissonâncias neste caso:

A nota F forma uma décima terceira contra o acorde m7, e nesse contexto é dissonante. Uma solução simples é tocar o acorde Abm7 como um acorde Ab13. No jazz, acordes m7 são frequentemente substituídos por acordes de sétima dominante (e, em particular, acordes 7#9). Isso é explicado no Capítulo Seis.

Por hora, uma solução para a dissonância acima poderia ser tocada da seguinte forma:

**Exemplo 5e:**

Os três exemplos anteriores são incluídos para mostrar que a consideração mais importante ao usar substituições de acordes é sempre a melodia da música.

Se tocarmos acordes sob a melodia, precisamos ter muito cuidado para que uma substituição "teoricamente correta" não colida com a nota da melodia em um dado momento. Mesmo que uma substituição seja teoricamente correta, se ela conflitar de forma indesejável com a melodia, *isso está errado*.

Temos mais liberdade quando tocamos acordes em um solo, pois os choques momentâneos são muito menos importantes. No entanto, antes de você adicionar substituições complexas e distantes às suas partes de guitarra rítmica, considere a experiência e habilidade de seus companheiros de banda e o gênero de música que você está tocando. O que é apropriado para o jazz moderno pode não ser apropriado em uma música swing.

Como mencionado anteriormente, a teoria por trás das substituições acima é explicada nos capítulos a seguir, por isso não entre em pânico se você não conseguiu seguir cada etapa.

Os exemplos que se seguem neste livro ensinam-lhe possibilidades de substituição de uma forma organizada, mas por favor note que eles ignoram quaisquer considerações melódicas. Os exemplos baseiam-se nas alterações de *Bella by Barlight*, mas nem todas são apropriadas quando tocadas com a melodia da música.

Agora, voltemos à progressão anterior de dominantes secundários e veremos como ela poderia ser reproduzida usando uma distribuição de vozes próximas em diferentes cordas. Aqui está essa progressão mais uma vez para refrescar sua memória.

ii | ii ov bV | bV | (i) ii | ii of bV | bV

Em7b5 | Bbm7 | Eb7b9 | Dm7b5 | Abm7 | Db7b9

(i) ii | ii of bV | bV | I

Cm7b5 | F#m7 | B7b9 | Bbmaj7

**Exemplo 5f:**

Em7b5 | Bbm7  Eb7 | Dm7b5 | Abm7  Db7 | Cm7b5 | F#m7  B9 | Bbmaj13

**Exemplo 5g:**

Em7b5 | Bbm7  Eb9 | Dm7b5 | Abm7  Db9 | Cm7b5 | F#m7  B9 | Bbmaj7

## Substituições de Trítono em Dominantes Secundários

Substituições de trítono também podem ser usadas com acordes dominantes secundários que foram adicionados à progressão de acordes original. Refresque sua memória dos quatro primeiros compassos de *Bella by Barlight*:

Em7b5 | A7 | Cm7 | F7

Vamos começar adicionando um acorde dominante secundário e seu acorde ii ao Cm7 no compasso três, assim como fizemos no exemplo 4i:

A seguir, vamos substituir o acorde dominante secundário (G7) pela sua substituição de trítono, Db7.

Como você pode observar, criamos agora o movimento de semitom descendente característico de Dm7 para Cm7 (D, Db, C).

**Exemplo 5h:**

A seguir, em vez de tocar o Dm7, *podemos substituí-lo com o acorde ii da substituição do b5 (Abm7). *Isso não funciona bem quando tocado com a melodia original da música.*

Nossa progressão se torna:

Isso pode ser tocado da seguinte forma.

**Exemplo 5i:**

Note como eu usei um D9 e um Cm11 para suavizar a distribuição de vozes.

Se você quiser se aventurar, não há nada que lhe impeça de reintroduzir o acorde Dm7 antes do Abm7.

**Exemplo 5j:**

O A7#5 é sugerido porque o acorde #5 de A7 (E#/F) se torna o b3 (F) do acorde seguinte Dm7. Você também pode tocar o acorde A7 sem alterações ou com o b9 como está escrito na música original.

Isso é um monte de acordes em um curto espaço de tempo, mas mostra o que se torna possível com substituições. Tenha sempre em mente as notas da melodia quando estiver explorando essas ideias, embora, se você estiver tocando tantos acordes tão rapidamente, os confrontos sejam geralmente breves e insignificantes.

Vamos basear nossos exemplos de distribuição de vozes na sequência de acordes do Exemplo 5i, já que a substituição do trítono no acorde dominante secundário e seu acorde iim7 anterior são suficientes para trabalhar por enquanto.

Em7b5      A7    Abm7   Db7    Cm7        F7

Vamos começar distribuindo as vozes na progressão acima, nas quatro cordas do topo da guitarra. Tome cuidado com quaisquer alterações que eu adiciono aos acordes para suavizar o caminho de cada voz.

**Exemplo 5k:**

Em7b5      A7b9    Abm7   Db9    Cm7        F7

**Exemplo 5l:**

Em7b5      A7b9    Abm7   D7#11   Cm9        F9

Explore o máximo de pontos de partida e permutações que você puder, antes de experimentar com voicings nas quatro cordas do meio. As ideias a seguir são um ponto de partida:

**Exemplo 5m:**

**Exemplo 5n:**

Conforme sua confiança se desenvolve, tente aplicar essas ideias a voicings drop 3 com a nota grave na quinta corda.

Em7b5 (Drop 3)

Trabalhe por diferentes músicas, procurando oportunidades de usar dominantes secundários, substituições de trítono e seus acordes ii, e aplique essas técnicas a diferentes tonalidades.

A notação a seguir resume os passos que podem ser dados para adicionar uma substituição de trítono a um acorde dominante secundário, usando a sequência de acordes Cm7 – F7. Certifique-se de ter entendido cada passo do processo.

*S.D. = Dominante Secundária*

*T.T. = Substituição do Trítono*

Quando você adicionar tensões à substituição do trítono, use nonas, #11 e décimas terceiras, embora conforme suas habilidades progridem você pode querer experimentar mais.

# Capítulo Seis: Distribuição de Vozes com Substituições

Neste capítulo, quero apresentar duas substituições importantes que ocorrem regularmente no jazz e, quando combinadas com ideias secundárias dominantes e de trítonos, permitem-nos construir novas sequências de acordes interessantes a partir de progressões "padrão".

Ao ler este livro, você já deve estar ciente da primeira substituição.

*Você pode tocar um acorde m7 na terça de um acorde Maj7 para formar um acorde Maj9.*

Mesmo que seja uma substituição comum, veremos uma aplicação que talvez você não tenha encontrado.

Vamos dar uma olhada em um exemplo usando um acorde CMaj7.

A terça de CMaj7 é E, então a regra nos diz que podemos tocar um acorde Em7 em vez do CMaj7 para criar uma sonoridade CMaj9. Vamos olhar as notas do CMaj7 e do Em7 para ver como isso funciona.

| Intervalo de C | 1 | 3 | 5 | 7 | 9 |
|---|---|---|---|---|---|
| CMaj7 | C | E | G | B | |
| Em7 | | E | G | B | D |

Como você pode ver, as notas em Em7 são as mesmas de um acorde CMaj9 sem tônica, então qualquer acorde CMaj7 pode ser substituído por um acorde Em7.

Aqui estão alguns voicings úteis que você pode usar para tocar essa substituição. A tônica de C está marcada em cinza, apenas para referência. A tônica do Em7 é a terça do CMaj7.

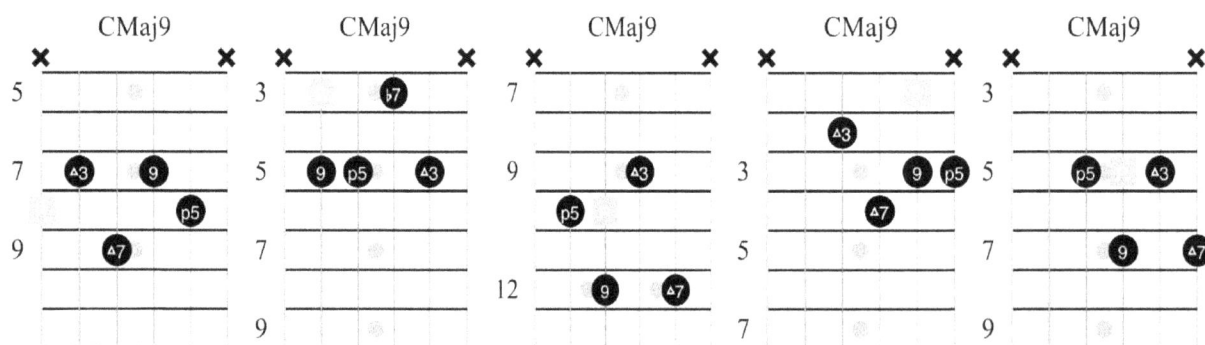

Há muito mais, por isso faça o processo de encontrar um voicing de CMaj7 e subir a tônica em um tom para formar um Em7/CMaj9 em todas as posições que você puder.

Como vimos anteriormente, é importante aprender a ver substituições como uma série de intervalos construídos em torno de uma tônica. Certifique-se de que você sempre consiga encontrar imediatamente as notas R, 3, 5, 7 e 9 de qualquer acorde. Um de seus objetivos de prática deve ser desenvolver a capacidade de reconhecer um intervalo instantaneamente em torno de qualquer tônica.

A segunda substituição que analisaremos é um pouco menos óbvia e não segue nenhuma "regra". No entanto, é uma ideia extremamente comum no jazz:

*Qualquer acorde m7 pode ser substituído por um acorde de 7 ou 7(#9).*

Em uma progressão iim7 – V7, essa substituição é semelhante a tocar o dominante secundário do acorde V.

No exemplo acima, o C7 é o dominante secundário de F7, mas também é uma versão dominante do acorde Cm7 original. O C7 é tocado após o Cm7, mas ele poderia substituir o acorde Cm7 por todo o compasso, embora seja necessário ter cuidado para evitar confrontos com as notas da melodia escritas sobre o acorde menor original.

Para ajudar a evitar esse confronto potencial, as substituições dominantes de acordes menores geralmente são tocadas com uma tensão *#9* adicional. A razão para isso pode ser vista na tabela a seguir.

| Intervalo | 1 | b3 / 3 | 5 | b7 | #9 |
|---|---|---|---|---|---|
| Cm7 | C | Eb (D#) | G | Bb | |
| C7#9 | C | E | G | Bb | D# / Eb |

Como você pode ver, o #9 do C7#9 (D#/Eb) é a mesma nota que o b3 no Cm7 (Eb).

Adicionando o #9 ao acorde dominante, mantemos mais notas em comum com o acorde m7 original, então é mais fácil para a melodia original aceitar a substituição. As notas da melodia de uma música geralmente incluem um b3 em um acorde m7. Se substituirmos este acorde m7 por um acorde 7, criamos um choque, mas se substituirmos o acorde m7 por um acorde 7#9, o b3/#9 original ainda é ouvido na parte harmônica, então a substituição é mais tranquila.

Toque as seguintes harmonizações para ter uma ideia da diferença entre substituir um acorde m7 por um acorde 7 e um acorde 7#9.

Vamos combinar as duas substituições abordadas neste capítulo em um contexto musical, antes de passar a interpretar essas ideias com uma boa distribuição de vozes.

Começaremos com uma sequência ii V I em C, desenvolvida com as substituições.

O primeiro passo é substituir o CMaj7 no compasso dois por um Em7, como vimos no início desse capítulo.

A seguir, vamos adicionar acordes dominantes secundários a ambos os acordes Em7 e Dm7:

Agora, podemos mudar o Dm7 para um D7#9 (embora você possa querer olhar para isso como o acorde dominante secundário de G7).

Cmaj7    B7    Em7    A7    Dm7    D7♯9    G7

Por fim, para manter o ritmo harmônico se movendo a cada duas batidas, vamos adicionar uma substituição de trítono de G7 no compasso final.

Cmaj7    B7    Em7    A7    Dm7    D7♯9    G7    D♭9

Vamos continuar com esse processo, mas esse é um bom ponto em que podemos parar e tocar alguns acordes básicos para a progressão até agora.

CMaj7    B7    Em7    A7    Dm7

D7#9    G7    Db9

É importante começar com esses acordes "básicos" para ter uma boa noção de como a progressão soa antes de aplicar técnicas de distribuição de vozes. Compare essa sequência com a original ii V I em C maior e você verá até que ponto é possível chegar assim que entender como usar substituições.

À medida que você se familiarizar com essa sequência, comece a explorar oportunidades de distribuição de vozes em grupos de cordas diferentes. Não se esqueça de experimentar extensões e alterações para ficar mais confiante.

Aqui estão apenas alguns caminhos pelas mudanças.

**Exemplo 6a:**

**Exemplo 6b:**

Agora vamos dar uma olhada em mais algumas ideias de substituição que podem ser adicionadas.

Reproduza os próximos exemplos com os acordes naturais básicos antes de trabalhar com as ideias de distribuição de vozes em cada exemplo. É muito importante que você aprenda a ouvir o movimento da tônica nas mudanças de acordes antes de trabalhar nos exercícios de distribuição de vozes. Se puder, tente gravar uma linha de baixo para ajudá-lo a praticar os seguintes exemplos. Uma linha de baixo forte irá ajudá-lo a ouvir como cada voicing funciona em contexto, especialmente com voicings que não têm tônica e/ou são fortemente alterados.

Eu não sou um grande fã dos dois acordes "D" no compasso três. Eu acho que isso retém o movimento harmônico da progressão, então eu vou usar uma substituição de trítono aqui e substituir o D7 pela sua substituição b5, Ab. Eu uso um acorde "7#11" aqui, pois o #11 de Ab é a nota D, que se torna a quinta do G7 no próximo acorde.

O Ab7#11 também funcionará bem como um acorde Ab7b9#11 "sem tônica", embora eu não tenha usado aqui, já que quero mostrar claramente o movimento da tônica no exemplo a seguir. Como sempre, experimente para ver quais extensões se adequam aos seus ouvidos. Lembre-se que a melodia é sempre uma consideração ao escolher substituições.

## Exemplo 6c:

Agora eu vou substituir o Em7 por um E7#9, como foi discutido mais cedo:

## Exemplo 6d:

A seguir, posso substituir o acorde B7 com sua substituição de trítono (F7):

**Exemplo 6e:**

Cmaj7    F9    E7#9    A7    Dm7    Ab7b9#11    G9    Db9    Cmaj7

Para criar uma linha de baixo cromaticamente descendente, também posso substituir o A7 no compasso dois com sua substituição de trítono, Eb7:

Cmaj7    F9    E7#9    Eb9    Dm7    Ab7#11    G7    Db9

**Exemplo 6f:**

Cmaj7    F9    E7    Eb9    Dm9    Ab7b9#11    G9    Db9    Cmaj9

Os exemplos anteriores mostram como você pode usar substituições passo a passo para ir de algo simples como...

Cmaj7    Dm7    G7

...a algo interessante como:

Cmaj7    F9    E7#9    Eb9    Dm7    Ab7#11    G7    Db9

O importante, no entanto, é usar uma boa distribuição de vozes ao tocar as mudanças, caso contrário as ideias podem soar desarticuladas e desajeitadas. Normalmente é perfeitamente aceitável ajustar extensões e alterações em qualquer voicing para suavizar a transição entre cada mudança de acorde.

Lembre-se também de que muitas coisas dependem do contexto, como em que banda ou formação você está tocando. Você pode não ter tanta flexibilidade para usar esse tipo de substituição quando estiver trabalhando como um dueto de vocalistas. Muitas vezes, os cantores precisam ouvir uma tônica no baixo do acorde e, a menos que sejam muito talentosos, substituições mais "distantes" podem causar problemas.

Além disso, se você começar a puxar todas essas ideias de substituição articuladas em uma situação não ensaiada, poderá distrair os outros músicos da banda. Lembre-se de que as substituições muitas vezes podem afastá-lo da harmonia original da peça, de modo que, às vezes, a discussão e o ensaio são os melhores caminhos a percorrer.

Uma coisa que sempre digo aos alunos é que "teoricamente possível" e "musicalmente apropriado" não são sinônimos!

Por que, então, estou pedindo que você trabalhe com essas substituições?

Bem, existem três motivos. Em primeiro lugar, com uma banda bem ensaiada e um bom posicionamento rítmico, as ideias de substituição podem soar incríveis. Ouça os grandes improvisadores de *chord melody* como Joe Pass, Jim Hall, Wes Montgomery, Kurt Rosenwinkel, Lenny Breau, Barney Kessel e, é claro, o sublime Ted Greene, para ouvir todas essas ideias em ação.

Às vezes, tudo o que é preciso é apenas uma substituição sutil para fazer o público prestar atenção.

A segunda razão para trabalhar com essas substituições é simples: prática! Ao longo deste livro, enfatizei a importância de ver cada voicing como uma série de intervalos e não simplesmente um desenho de acorde. Praticando substituições dessa maneira, você mergulha em muitos tipos diferentes de acordes que podem ser tocados em todo o braço da guitarra. Além disso, como essas substituições podem ser aplicadas a qualquer sequência de acordes, há muitas permutações de acordes que podem ser usadas.

Conforme você trabalha com mais e mais substituições em diferentes melodias, seu reconhecimento de intervalos e de acordes melhorará dramaticamente, assim como a velocidade na qual você pode improvisar com substituições interessantes.

A terceira razão para trabalhar nessas substituições é ensiná-lo a reorganizar os padrões de jazz e construir um caminho para o *chord melody*. Usar substituições é uma maneira produtiva de encontrar sua própria voz ao tocar músicas que foram ouvidas por mais de cinquenta anos.

Outro uso importante de substituições é nos permitir acessar notas de melodia que estão fora da harmonia esperada do acorde.

Por exemplo, dê uma olhada na seguinte melodia:

A nota Eb (D#) está fora da escala diatônica no tom de C maior, então como podemos harmonizar essa nota?

Uma maneira seria usar o acorde dominante secundário de C maior, G7. A nota da melodia forma um b13/#5 a partir da tônica G, então o G7#5 é uma escolha razoável:

A nota D#Eb é a nona na substituição do trítono de G7 (Db), então Db9 também é uma boa escolha:

Também podemos adicionar o acorde iim7 antes do Db9:

Também é possível combinar a substituição original do G7#5 de volta à sequência acima.

Um bom conhecimento de substituições pode nos ajudar a encontrar harmonizações criativas para qualquer nota melódica inesperada.

O objetivo é tornar-se tão confortável quanto possível com ideias comuns de substituição, desenvolvendo uma abordagem prática que permita incorporar substituições. Isso irá melhorar muito sua liberdade e reflexos na guitarra.

# Capítulo Sete: Mais Exercícios de Substituição

Vimos no Capítulo Quatro como adicionar acordes dominantes secundários a uma escala harmonizada de C maior, agora vamos estender esse exercício para incorporar as substituições do trítono e seus acordes ii.

Nós permaneceremos no tom de C por simplicidade, embora você deva fazer este exercício em todos os tons comuns. Primeiro, relembre a escala harmonizada de C Maior:

Como antes, precederemos cada acorde com seu dominante secundário:

No entanto, desta vez, em vez de tocar cada dominante secundário, toque a substituição do trítono de cada dominante secundário. Comece tocando cada substituição como uma sétima dominante "normal", para ouvir o som característico desta substituição.

**Exemplo 7a:**

Mais uma vez, a natureza visual da guitarra é nosso inimigo aqui, já que é muito fácil simplesmente tocar um acorde de sétima dominante em um semitom acima da tônica do acorde seguinte. É muito importante que você aprenda a não confiar nesse método. A cada vez, percorra o processo mental de encontrar o dominante secundário e depois substituí-lo por seu trítono.

Meu processo mental é assim:

"O dominante de D é A, o b5 de A é Eb" etc.

Não pegue um atalho aqui, isso tornará a vida mais difícil a longo prazo.

Toque a nova sequência em cada um dos modos discutidos no Capítulo Três. Mantenha a nota da melodia ascendente ou descendente e aproveite o tempo para reproduzir essa sequência em intervalos limitados do braço da guitarra. O Exemplo 6h mostra uma maneira de reproduzir essas mudanças em um intervalo limitado nas quatro cordas do topo.

**Exemplo 7b:**

A seguir, para ajudar a suavizar a distribuição de vozes, toque cada substituição de trítono como um acorde 7b9 ao substituir a tônica com uma b9.

**Exemplo 7c:**

Crie suas próprias variações dos dois exercícios anteriores. Por exemplo, você poderia tocar cada acorde diatônico como uma nona, ao aumentar o tom da tônica, ou você poderia adicionar uma extensão/alteração específica a cada trítono dominante. À medida que suas habilidades melhorarem, crie uma abordagem lógica para combinar essas extensões e alterações em cada acorde. Desenhar uma tabela pode ajudar a organizar seu tempo de prática. Um exemplo que explora a introdução das nonas poderia ser o seguinte:

| Cada acorde diatônico foi tocado como: | Tocar cada substituição de trítono como: |
|---|---|
| 7 | 7 |
| 7 | b9 |
| 7 | 9 |
| 9 | 7 |
| 9 | 9 |
| 9 | b9 |
| 9 | 9 e b9 alternadas |

Você poderia então começar a introduzir quintas aumentadas ou diminutas para cada substituição de trítono, ou décimas terceiras para ambos os acordes diatônicos e as substituições de trítono.

Antes de iniciar esses exercícios, assegure-se de que você possa exprimir acordes de sétima básicos em várias áreas limitadas da guitarra enquanto explora diferentes voicings e grupos de cordas. Não se preocupe muito com o ritmo quando começar esses exercícios pela primeira vez – a prioridade é sempre o reconhecimento de intervalo e de distribuição de vozes.

Vamos reintroduzir o acorde iim7 de cada substituição de trítono. Lembre-se que é essencial ser capaz de "pensar" em cada mudança, o que se torna mais difícil à medida que adicionamos mais substituições.

Primeiro, toque a sequência de substituição de trítono com acordes naturais:

**Exemplo 7d:**

Novamente, você pode querer suavizar a distribuição de vozes usando acordes de nona dominante em vez dos de sétima dominante nas substituições de trítono, assim como fizemos no Exemplo 5i.

Em seguida, organize esses acordes com uma distribuição de vozes próximas, em grupos de quatro cordas. Aqui está uma rota através das mudanças nas quatro cordas do meio com acordes com sétima:

**Exemplo 7e:**

Percorra a sequência acima, em diferentes áreas da guitarra, usando grupos de quatro cordas antes de adicionar a extensão e as alterações sugeridas na tabela acima.

Por fim, vamos retrabalhar o exemplo anterior para incluir extensões e alterações para que possamos suavizar ainda mais a distribuição de vozes.

**Exemplo 7f:**

Reserve um tempo para considerar por que cada extensão ou alteração foi usada e encontre todas as maneiras que puder de contornar essa progressão. Use uma abordagem organizada para adicionar extensões e alterações, como você viu anteriormente, embora você deva sempre ter um cuidado especial ao adicionar décimas terceiras a acordes menores. Deixe seu ouvido ser o juiz.

Observe que eu usei tanto um iim7b5 – V, quanto um iim7 – V ao resolver para acordes m7 nos compassos de um a três. Essas escolhas funcionaram para os meus ouvidos, mas você pode ter uma opinião diferente. Explore essas ideias o máximo que puder, mas lembre-se de que a decisão prática sempre se resume a quais notas estão na melodia.

Invista tanto tempo quanto puder trabalhando em regiões limitadas do braço da guitarra e sempre considere quais intervalos estão disponíveis em cada acorde, onde tocá-los e a distribuição de vozes que eles fornecem entre cada acorde sucessivo.

## Ideias de Prática Adicionais

As ideias a seguir ajudarão você a expandir sua exploração de distribuição de vozes com dominantes secundários, substituições de trítonos e seus acordes iim7. Esta lista não é exaustiva e levará a muitos meses de prática e trabalho.

- Repita os exercícios da escala diatônica neste livro em todos os tons comuns de jazz: Bb, Eb, C, G e F.

- Desça pela escala maior harmonizada usando a) dominantes secundários, b) substituições de trítono, c) acordes ii que precedem a e b.

- Repita todos os exercícios deste livro usando a escala harmônica menor harmonizada.

- Repita todos os exercícios usando a escala melódica menor harmonizada.

- Adicione acordes dominantes secundários a centros tonais ascendentes/descendentes cromaticamente. Por exemplo, Eb7 – E7 – F7 ou Eb7 – Em7 – Fm7. Mantenha uma distribuição de vozes próximas.

A coisa mais importante que você pode fazer com essas ideias é aplicá-las a músicas reais. Ensaie-as com sua banda e tente o máximo possível de ideias. Se você não tiver uma banda, tente gravar uma linha de baixo ou use um pedal looper para ouvir sempre uma linha de baixo forte e regular ao tentar substituições com distribuição de vozes próximas. Se você puder gravar ou fazer loop em mais de uma faixa, tente tocar tanto a linha de baixo quanto a melodia para que você possa ouvir o efeito musical real de uma decisão de substituição.

Enquanto estiver praticando, lembre-se que alterações, extensões e substituições devem ser introduzidas para suavizar a distribuição de vozes entre os acordes sucessivos. Se houver movimento de um tom entre um acorde e o seguinte, tente encontrar uma substituição ou alteração que permita transformar esse movimento em um semitom ou remova-o completamente.

Nós cobrimos muitos conceitos teóricos nos capítulos anteriores, mas a única regra é que a melodia sempre vem em primeiro lugar. Mesmo se você sentir que algo está "tecnicamente" correto, se a melodia soar ruim, não o use.

# Capítulo Oito: Aplicação

Neste capítulo, consolidaremos muitas das técnicas mostradas neste livro e as aplicaremos em parte de uma nova música, *Some of The Things You Are*. A harmonia desta música é baseada nas mudanças de acordes de *All The Things You Are*.

Os acordes nos primeiros oito compassos dessa música são:

Esses poucos compassos estão cheios de oportunidades de substituição, mas primeiro vamos dar uma olhada em algumas maneiras de tocar essa sequência na guitarra.

**Exemplo 8a:**

**Exemplo 8b:**

Agora vamos adicionar algumas extensões e alterações para ajudar a distribuição de vozes a fluir suavemente.

## Exemplo 8c:

## Exemplo 8d:

Claro que há muitas maneiras de expressar esses acordes e agora você sabe como explorar essas opções. Volte ao Capítulo Três se precisar de mais maneiras de praticar essas progressões. Continue procurando as formas mais próximas de distribuir as vozes desses acordes e experimentar diferentes tensões nos acordes dominantes. Os exemplos acima apenas arranham a superfície.

Vamos ignorar a melodia por enquanto e ver algumas substituições possíveis que poderiam ser usadas nessa sequência de acordes.

Vamos começar adicionando acordes dominantes secundários onde não existe um movimento V7 – I:

Eu incluí o acorde Cm7 no compasso nove para mostrar o uso do G7#5 dominante secundário no compasso oito.

A sequência acima poderia ser tocada com voicings básicos da seguinte maneira. Na maioria dos acordes "estáticos" eu usei dois voicings do mesmo acorde para adicionar algum interesse.

**Exemplo 8e:**

Não se preocupe com a distribuição de vozes por enquanto, mas encontre algumas maneiras de reproduzir essa sequência para ter uma ideia de como os acordes dominantes secundários afetam a harmonia.

Em seguida, vamos adicionar algumas substituições do trítono a essa progressão. Podemos tocar substituições de b5 (trítono) nos acordes dominantes secundários ou nos acordes dominantes originais (Eb7 e G7).

Lembre-se que uma verdadeira substituição do trítono acontece apenas quando um acorde dominante é substituído por outro acorde dominante a uma distância de b5.

Estude o compasso um. Podemos usar uma substituição de trítono para substituir o F7#9 (dominante), mas normalmente não poderíamos usar um se o acorde fosse um Fm7, pois não é um acorde de sétima dominante.

Com essas substituições, poderíamos transformar a sequência acima em:

Esses acordes podem ser tocados como voicings básicos naturais como a seguir:

**Exemplo 8f:**

O próximo estágio é adicionar alguns acordes ii. Lembre-se: esses acordes podem ser o ii do acorde original, ou eles podem ser o ii da substituição do trítono.

Essas substituições também podem ser reproduzidas em adição ou em vez do acorde V original.

Eu tomei "emprestado" duas batidas do compasso sete para aproximar o D9 com sua substituição de trítono (Ab) para criar uma virada no Cm7 no compasso 9.

Toque a sequência da seguinte maneira e encontre novas formas de expressar esses acordes.

**Exemplo 8g:**

O exemplo anterior mostra apenas uma maneira de usar substituições nessas mudanças, embora seja possível combinar dominantes secundários sem trítonos e acordes ii com as ideias anteriores.

Por exemplo, os primeiros compassos dessa sequência podem ser reproduzidos da seguinte maneira usando uma abordagem de "mesclar e combinar". A substituição do trítono é usada no compasso um, e um dominante secundário simples é usado no compasso dois. (Bb7b9 funciona bem aqui).

Você pode aprender por simples tentativa e erro. Confie nos seus ouvidos para encontrar suas escolhas musicais favoritas.

Agora vamos organizar o Exemplo 8g com boa distribuição de vozes em quatro cordas. Nos exemplos a seguir, usei extensões e alterações à vontade para suavizar a distribuição de vozes.

Uma maneira possível de expressar essa progressão é mostrada abaixo:

**Exemplo 8h:**

Encontre outras rotas por essa sequência usando uma boa distribuição de vozes, em outros grupos de cordas e em outras regiões da guitarra.

Um parâmetro essencial para cada substituição é sempre a melodia da música em cada compasso. À medida que suas habilidades de harmonização melhorarem, você aprenderá a contabilizar rapidamente notas de melodia ao substituir acordes, embora, por ora, seja provavelmente mais útil passar pelo processo passo a passo que mostrei neste livro e, em seguida, procurar dissonâncias que você precisará ajustar.

Adquira uma edição do Real Book e confira a melodia de *All the Things You Are*. Em particular, preste atenção à melodia no compasso 4. Se estivéssemos tocando a melodia de *All the Things You Are* sobre as mudanças escritas no exemplo anterior, o G no compasso quatro poderia formar uma tensão "interessante" sobre o D9. Pode valer a pena tocar um acorde D9sus4 ou D11 nesse momento para evitar um choque, mas experimente para ver o que você prefere.

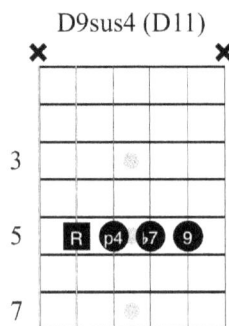

D9sus4 (D11)

Esteja sempre ciente da nota da melodia e do intervalo que ela forma em relação a qualquer substituição que você use. À medida que você pratica, naturalmente começa a combinar ideias de substituição com uma boa distribuição de vozes. Estas ideias de acordes, juntamente com uma forte consciência da melodia, farão com que as suas partes de guitarra rítmica de jazz sejam bem-acabadas, interessantes e musicais.

A chave para desenvolver proficiência em distribuição de vozes é a experimentação e o estudo lógico. Refira-se às ideias de voicings do Capítulo Três para ajudá-lo a organizar sua prática e introduzir intervalos que você pode não ter considerado anteriormente.

# Conclusões e Estudos Adicionais

Os conceitos deste livro são bastante avançados e vão muito além do repertório normal de acordes da maioria dos guitarristas. No entanto, essas técnicas são comuns no jazz e na música clássica mais moderna. Cada ideia de substituição nos permite acessar harmonias interessantes, enquanto o aspecto essencial e fundamental da distribuição de vozes permite a criação de partes suaves e fluidas de guitarra rítmica.

As ideias por trás deste livro são resumidas da seguinte forma:

- Procure mover o mínimo possível de notas entre os acordes.

- Use extensões e alterações para eliminar ou reduzir o movimento das vozes

- Qualquer acorde pode ser abordado por um dominante secundário

- Substituições de trítono podem ser usadas em dominantes funcionais, incluindo dominantes secundários.

- Substituições de trítono e dominantes secundários podem ser abordados por seu acorde ii

- A melodia é quem manda! Ajuste as substituições para evitar confrontos com a melodia escrita

Enquanto o uso de voicings de acordes e substituições pode depender do contexto (você está em um duo vocal? Tem baixo? O que o piano está tocando?) trabalhar e ensaiar a distribuição de vozes deve ser uma prioridade. Praticar a distribuição de vozes, limitando os movimentos da nota entre cada acorde sucessivo, ajuda-nos rapidamente a ver o braço da guitarra em termos de intervalos. A confiança que vem com essa visão não pode ser subestimada. Embora a prática inicial de reconhecimento de intervalos seja difícil e demorada, o benefício para a execução é muito grande.

Em pouco tempo, podemos começar a improvisar com harmonia, selecionando qualidades de acordes e texturas da mesma maneira que um pintor seleciona uma cor de uma paleta. Quando instantaneamente vemos o braço em termos de intervalos organizados em torno de uma tônica, a riqueza de todas as cores possíveis se torna disponível.

Esse nível de visão e habilidade exige muito trabalho e se tornará um estudo para toda a vida, mas os resultados potenciais o diferenciam de qualquer outro guitarrista.

Para praticar as ideias de voicings deste livro, basta aplicá-las aos seus padrões favoritos de jazz e ser meticuloso em seus estudos. Entre na estrutura da música e você encontrará relações de acordes que você não sabia que existiam.

Para organizar sua prática, comece a partir de uma das quatro inversões de uma estrutura de acordes específica (drop 2, drop 3, etc.) e toque a sequência usando os voicings com sétima mais próximos possíveis. Em seguida, introduza extensões e alterações simples para explorar se uma nota pode ser mantida de um acorde para o seguinte. O objetivo é mover apenas uma ou duas notas entre os acordes.

Use as substituições de trítono nos acordes dominantes funcionais existentes e, em seguida, veja como a adição dos acordes ii afeta a distribuição de vozes. Em seguida, trabalhe logicamente através de outras opções de substituição, começando com os dominantes secundários, para ver como eles afetam a harmonia antes de novamente avaliar se é apropriado adicionar seus acordes ii.

Lembre-se de que os acordes m7 geralmente podem ser substituídos por acordes 7#9, o que permite a substituição de mais trítonos.

Finalmente, faça uma checagem de melodia para ver se sua nova sequência de acordes funciona com a melodia original da música. Se não funcionar com a melodia, faça os ajustes necessários.

À medida que suas habilidades de distribuição de vozes e de harmonização melhoram, você naturalmente começará a adotar uma abordagem que prioriza a melodia, escolhendo cada extensão, alteração e substituição para complementar e aprimorar diretamente a melodia.

Este nível de consciência demora um pouco para se desenvolver, então eu sugiro que você trabalhe com os passos acima para se sentir confortável com as técnicas básicas e permitir que sua consciência melódica se desenvolva naturalmente em paralelo. Isso ajuda tremendamente se você conhece a melodia da música de dentro para fora, então certifique-se de tocar a melodia em posições diferentes na guitarra.

Para ajudar você a posicionar a música no braço da guitarra, geralmente é útil tocar uma versão de "melodia e baixo" da música. Toque a linha de baixo nas duas cordas mais graves da guitarra e expresse a melodia nas cordas mais agudas. Pode haver alguns alongamentos, mas isso ajuda a internalizar a estrutura da música e evita que você se perca. Você também sempre saberá qual é a nota da melodia sobre cada acorde.

Este livro é o ponto de partida de um estudo divertido, gratificante (e que dura a vida toda) de voicings e harmonização na guitarra. Melhorará muito sua habilidade musical e compreensão do instrumento.

Boa sorte e divirta-se!

Joseph

# Outros Livros da Fundamental Changes

*Chord Tone em Solos na Guitarra Jazz*

*Técnica Completa de Guitarra Moderna*

*Mudanças Fundamentais na Guitarra Jazz*

*Solos na Guitarra Jazz Blues*

*Dominando Acordes de Jazz na Guitarra*

*Dominando o ii V Menor na Guitarra Jazz*

*Dominando Leitura de Notação na Guitarra*

*O Ciclo das Quintas Para Guitarristas*

*Primeiros 100 Acordes Para Guitarra Jazz*

*Guia Completo da Escala Menor Melódica*

*100 Licks Clássicos de Jazz Para Guitarra*

*Conceitos Modernos de Jazz na Guitarra*

*Chord Melody em Detalhes*

*Bebop em Jazz Blues na Guitarra*

.

www.ingramcontent.com/pod-product-compliance
Lightning Source LLC
Chambersburg PA
CBHW081433090426

42740CB00017B/3293